捧 著

陈平传略

冀鲁豫边区机关进驻单拐的引荐人

郑州大学出版社

图书在版编目(CIP)数据

陈平传略：冀鲁豫边区机关进驻单拐的引荐人／刘合捧
著. — 郑州：郑州大学出版社，2023.11(2024.6重印)
ISBN 978-7-5645-9924-9

Ⅰ.①陈… Ⅱ.①刘… Ⅲ.①陈平－传记 Ⅳ.①K826.16

中国国家版本馆 CIP 数据核字(2023)第 180769 号

陈平传略——冀鲁豫边区机关进驻单拐的引荐人
CHEN PING ZHUANLÜE——JI-LU-YU BIANQU JIGUAN JINZHU
SHANGUAI DE YINJIAN REN

策划编辑	李勇军	封面设计	孙文恒
责任编辑	孙精精	版式设计	孙文恒
责任校对	刘晓晓	责任监制	李瑞卿

出版发行	郑州大学出版社(http://www.zzup.cn)	
地　　址	郑州市大学路 40 号(450052)	
出版人	孙保营	
发行电话	0371-66966070	
经　　销	全国新华书店	
印　　刷	廊坊市印艺阁数字科技有限公司	
开　　本	890 mm×1 240 mm　1／32	
印　　张	5.375	
字　　数	112 千字	
版　　次	2023 年 11 月第 1 版	
印　　次	2024 年 6 月第 2 次印刷	

书　号	ISBN 978-7-5645-9924-9	定　价：45.00 元

本书如有印装质量问题,请与本社联系调换。

纪念

冀鲁豫边区机关进驻单拐的引荐人——陈平

诞辰 101 周年

《陈平传略》编委会

主　任：赵成瑞

副主任：张红伟　周进鹏　孙庭锋

成　员：（按姓氏笔画排序）

李　欢　余　丽　周广田　郑要强　姚孝民

韩京举　谢晓飞

英年虽逝气长存，矢志不渝报党恩

——永远怀念冀鲁豫边区机关进驻单拐的引荐人陈平

陈平（1922—1967）

河南省濮阳市地处中原腹地，有着悠久的历史和璀璨的文化，孕育培养了许多英雄人物。战国的商鞅、吕不韦，唐朝的僧一行等诞生在此，晋楚之间的城濮之战、宋辽之间的澶渊之盟等发生于斯，"中华第一龙"在此出土，杂技文化源远流长，仓颉故里、张姓祖庭、颛顼遗都等城市名片历久弥新。进入近代以后，特别是中国共产党成立后，马克思主义传入濮阳，一批仁人志士率先接受先进思想，追求救国救民的真理，走上了革命道路，为中国革命和建设事业做出了突出贡献。而陈平，就是其中一位代表人物。

陈平，河南省清丰县双庙乡单拐村人，1922 年 3 月 18 日出生于广东省广州市，1967 年 10 月 18 日去世。在少年时代，陈平崇尚报国为民，较早地投入了抗日救亡运动，不断得到成长锻炼。后参与冀鲁豫边区抗日根据地的建设工作，1944 年 9

位于陈平家乡河南省清丰县双庙乡单拐村的冀鲁豫边区革命根据地旧址

月，时任冀鲁豫党委宣传部宣传科科长的陈平向区党委主动提出把自己老家作为边区党委、军区的办公场所，并举荐了自家的房子和祠堂。经过审慎考察，冀鲁豫边区首脑机关从当时的观城县红庙村搬到单拐村，从此奠定了单拐"中原红都"的地位，陈平也因此成为冀鲁豫边区到单拐的引路人。

抗战胜利后，陈平积极投身于实业建设领域，学习机械维修，认真钻研技术，参加了当时人才需求最迫切的铁路事业，并从此将其作为一生的追求，乃至最后献出生命。在陈平的一生中，还有一段值得纪念的回忆，就是1957年在苏联一年的留学时光。在这段日子里，他废寝忘食，学习管理和技术，作

2016年年底修建的单拐大道，成为连接清丰县城与冀鲁豫边区革命根据地旧址单拐村的主干道

目　录

第一章　少年立志

　　陈平的家乡是河南省清丰县。清丰县位于河南省东北部，处于冀、鲁、豫三省交界处，东与山东省莘县毗邻，西北隔卫河与河北省魏县相望，南、西、北分别与河南省濮阳县、内黄县、南乐县相邻。清丰县有着悠久的历史，古时称顿丘，三国时期曹操曾任顿丘县令；隋朝时境内出过大孝子张清丰，到了唐大历年间，便以此为名，钦定为清丰县。历史上清丰县属于河北省，是河北省南部六县之一。河北省南部六县，一般称为冀南六县，即大名县、南乐县、清丰县、濮阳县、长垣县和东明县。新中国成立后，经过区划调整，现在的大名县仍隶属河北省，东明县隶属山东省，其余四个县隶属河南省。

　　在清丰县城东南 10 公里处有个小村庄，名叫单拐村。"单"在这里作为姓氏，读作"shàn"。最早这个村庄有单、胡、陈三大姓，而很快单、胡两姓衰落，陈姓崛起。在清朝咸丰年间，陈氏大户带头出资建起陈氏祠堂，并陆续建了东、西厢房，成为一座完整的四合院。这座四合院后来成为八路军的兵工厂。

陈平的父亲陈笃之，又名陈纯修，1882年出生，是这一带有名的开明绅士。他从小饱读诗书，研习传统文化。中学毕业后，考入天津陆军军医学院（后改名天津陆军军医大学），毕业后留校任教。在天津读书时，由家里包办婚姻，女方嫌他相貌黝黑，又长年在外，因此提出离婚，这场带有封建色彩的传统婚姻就此作罢。陈笃之后与本县小翟湾村翟家三女儿翟润芝结婚。翟润芝小他16岁，婚后，随陈笃之去往天津河北区永祥里居住，诞下大女儿陈友莲和二女儿陈友菊。

陈笃之（1882—1968）

后随着时局的变动，陈笃之被迫从天津回到家乡单拐村。陈笃之思想进步，为人正直，又受过高等教育，被本县推选为国会议员。他乐行善事，支持教育事业。当时单拐村内及周边乡镇没有设立小学，许多到了上学读书年龄的孩子无处可去，陈笃之便捐资办起国民小学，使本村子弟人人有学可上，有书可读。他对北洋政府黑暗腐败的统治深恶痛绝，认同孙中山的"三民主义"，于是南下到在当时属于国民革命大本营的广州工作。在此期间，也就是1922年3月18日（农历2月20日），陈平在广州出生了。

陈笃之对这个儿子寄予厚望，为其起名叫陈希均，寓意受辛亥革命和孙中山"三民主义"的影响，希望推翻清政府后的中华民国能够实现"均贫富"的理想。这也是陈笃之作为一名爱国进步的知识分子的夙愿和情怀，但残酷的现实很快击碎了这种理想。不久，广州的陈炯明叛变革命，南方的政治环境发生变化，陈笃之带着家人经上海返回北京，仍担任国会议员。这时候，陈家还较为富裕，家里请有黄包车夫、管家等，衣食都属中上等，生活水平高于一般家庭。但在当时北洋政府的统治下，国会开会时因政见不同，常常大打出手，无一成事，这与陈笃之的理想大相径庭，于是陈笃之选择离开了国会。

转眼陈平四岁时，意外患上急性脑膜炎。所幸，在家人的照顾下，陈平的病被完全治愈，开始重新学说话，学走路。陈院的第一任副院长。

陈平进入香山慈幼院小学部一年级学习，每天早晨诵读院歌："好好读书，好好劳动，好好图自立。大哉本院，香山之下，规模真无比！重职业，自食其力，进取莫荒嬉。好兄弟，好姐妹，少年须爱惜！"开始了紧张有序的新生活。此时，他的两个姐姐考入了免交学费的北平市立师范学校，以减轻家里的负担。这时候，陈平年纪虽小，但也随父母饱尝了家境变迁和人间冷暖，在陈平幼小的心灵中，萌发了"为了挽救这个败落的家庭，自己也要发奋读书，幻想个人与家庭、名誉、地位，入高小后一直苦读，成为好学生"[①] 的想法。

慈幼院的党组织成立较早，1925 年就开始活动，并且发展迅速，建立了男校、女校两个党组织[②]。陈平升入高小二年级，国内局势发生变化，东北沦陷，慈幼院在党组织的领导下，闹了一次学潮，有力促进了先进思想的传播，同学们开始流传红军如何英勇善战、共产党主张抗日和蒋介石不抵抗等消息。1933 年 3 月，长城古北口、喜峰口抗战先后爆发。受此影响，陈平在香山慈幼院参加了高年级学生组织的宣传抗日活动，学唱抗日歌曲，进行学生军事操练。这时，东北沦陷、国家危难、家庭没落、生活拮据，种种磨难一齐向陈平席卷而

---

① 见于 1950 年陈平所写的自传。

② 1928 年刘建章担任香山慈幼院党支部书记后，党组织的活动更加活跃，也一直保持着好的势头。刘建章，河北省景县人，新中国成立后任郑州铁路管理局局长、铁道部副部长、部长，成为陈平的上级。

来，陈平第一次真正认识到了这个时代的严酷，对他的内心造成巨大的冲击，在经历一番精神上的挣扎后，陈平振作起来，领悟了"必须读好书才有个人前途"，开始有了初步的爱国思想。

高小毕业后，在其姑母的接济下，陈平进入了北平市立四中学习，学习生活上的开销全由其姑母承担。此时，华北局势危急，何梅协定、冀东事变、张家口抗日联军等事件接连发生。陈平在北平市立师范学院学习的两个姐姐参加了抗日宣传活动，在家庭环境的影响下，陈平经常去北师看《新生活》《星期周刊》《萍踪寄语》等进步刊物、书籍，接触了许多意想不到的、不同于传统的新知识，对共产党的政策有了更多认识和了解。1935 年年底，"一二·九"运动爆发，陈平上街参加了游行示威活动，参与了查禁、取缔日货等活动，与同学们一起投身到火热的抗日救亡运动中去。

1936 年 2 月，共产党领导的先进青年抗日救国组织——中华民族解放先锋队（简称"民先"）在北京成立。陈平经李聘周介绍，加入"民先"组织并担任一小队长，经常参加慰问宋哲元的二十九军部队、募集衣物等活动。陈平的爱国热情再次迸发，自己的思想认识得到了进一步的提高。这时候，北平四中里有同学加入了国民党领导的蓝衣社。思想落后反动的学校训育主任唆使一群蓝衣社分子对陈平等"民先"队员进行殴打。事情一发不可收拾，最后学校出面调停，要求陈平

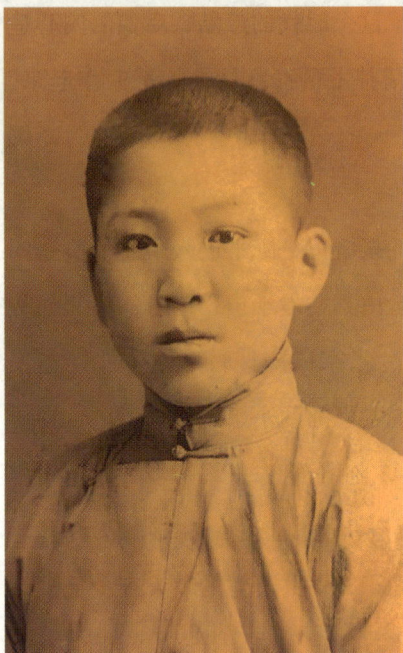

陈平参加"民先"组织，被学校除名后

等"民先"队员离校。陈平等在舆论上处于弱势，无奈之下只得离校。

离校后，陈平暂住在同是"民先"队员的同学家里。这段时间，陈平"看到了美国记者埃德加·斯诺拍摄的延安照片和撰写的报道，狂热的羡慕这样的革命生活，首先响应民先总队的号召，报名赴西北参加西安西北军的学生营，也做好了赴延安的准备"①。但是北京"民先"总队考虑他年龄较小，

---

① 见于1950年陈平写的自传。

劝他先完成学业，再参加学生活动。这样，陈平结束了流浪生活。在已到河北省立第二师范（即保定二师）担任化学教员的父亲陈笃之的安排下，1937 年年初，陈平转入保定育德中学学习。

育德中学

育德中学始建于约 1906 年，由当时同盟会河北支部的主盟人陈幼云创建，并成为河北同盟会的总机关。1917—1920 年，育德中学建立了留法勤工俭学高级预备班，刘少奇、李维汉、李富春、张昆弟、孙犁等老一辈革命家曾在此就读。1921 年，在共产党员邓中夏的组织领导下建立了社会主义青年团，

育德中学旧址，现已成为留法勤工俭学运动纪念馆

1923 年春建立了中国共产党保定育德中学支部，成为保定党组织的发祥地，也渐渐成为保定革命活动的领导中心。在这所具有光荣革命历史的学校里，陈平迅速找到了"民先"组织，参加社会科学研究小组等党领导的进步组织，初步接受了马列主义的学习启蒙，思想觉悟进一步提升。这也为陈平开启人生新的阶段打下了基础。

陈平在参加活动时，结识了保定二师地下党员安法乾。安法乾是陈笃之的学生，清丰县普马寨村人，与陈平的老家单拐村距离约 7.5 公里，在单拐村的东北方向。1930 年，安法乾在

安法乾（1917—2007），
1937 年 10 月加入中国共产
党，冀鲁豫边区抗日根据地
的创建人之一

13 岁时，通过一个亲戚的关系，被家人送到了香山慈幼院学习，一年后，他又回到了老家巩营高小学习，后考入保定二师，成为陈平父亲陈笃之的学生。学习期间，安法乾加入了中国共产党，成为一名地下党员。他给陈平讲了许多革命事迹，向他展示了共产党员崇高的坚定的革命信念，这些慷慨激昂的话语在陈平心底种下了革命的种子，激发了陈平对革命事业的向往。可以说，安法乾是陈平在革命道路上当之无愧的引路人。

育德中学放暑假后，陈平回到了北京。卢沟桥的炮声接踵而至，日本帝国主义侵略中国的全面战争爆发，育德中学的师

陈平（左）与弟弟陈希忠的合影

生们在慌乱中纷纷南下。陈平与另一位"民先"队员同学相继南下，并约定准备在济南会齐后，结伴赶赴延安参加革命。但陈平到达济南时，他的同学已去延安。父亲陈笃之带着家庭其他成员已先回到了家乡清丰县单拐村，也反复要求陈平一起回来，于是陈平只得回到了家乡。这是陈平第一次回到家乡，也是第一次真正走进农村。

第二章　回到家乡，参加革命

1937 年 9 月，陈平回到了家乡单拐村，遇到了已经返乡参加革命的保定二师中共党员安法乾。这时，冀南六县的抗日救国运动已开展得如火如荼，清丰县也成立了各种抗日组织。9 月初，由清丰简易师范的老师、共产党员平杰三牵头，成立了抗日救国十人团，其宗旨是团结青年学生和进步知识分子开展抗日救亡运动，会议选举平杰三为团长，安法乾为副团长兼巡视员，很短时间内就在全县发展了二三百个团员，并在南乐县、濮阳县建立和发展了组织。1937 年 12 月 15 日，日军占领清丰县，国民党地方政权溃逃，清丰当时处于无序状态，社会秩序混乱。1938 年 3 月，为了广泛发动群众、抗击日军以及维护秩序，根据共产党的"团结抗战，共同对敌"的方针，在中共直南特委的领导下，由晁哲甫、安法乾等联合当地的开明士绅成立了清丰县抗日民众自治委员会，这为稳定社会秩序、团结各阶层抗日起了很大作用。与此同时，抗日民众自治委员会在六塔集举办了两期抗日军政干部培训班。陈平在安法乾的介绍下，先后参与了抗日救国十人团、抗日民众自治委员会的工作，如帮助筹办抗日军政培训班、编印小报、组织学员等，得到了初步的锻炼。这时候，随着革命形势的发展，陈平加入了濮阳地区党领导的第一支地方武装——"四支队"。

七七事变后，日寇长驱南下，国民党军队仓皇南逃。"誓死不当亡国奴，武装起来保卫家乡"成为共产党领导下华北人民的主要口号。中共华北局军事部长（又称北方局军委书记）、八路军驻国民党第一战区长官司令部联络处主任朱瑞派遣中共直鲁豫特委负责人张玺负责恢复直南地区党的组织，并发展地方武装。张玺便派直南地区党组织创始人刘大风在

晁哲甫（1894—1970），清丰县六塔集人，1927年春任大名七师教务主任时加入中国共产党。冀鲁豫边区抗日根据地的创建人之一

1937年10月初成立了中共直南临时特委，并要求利用各方面关系，集中力量，建立与扩大党直接领导下的抗日武装，就地坚持抗日游击战争。直南特委发动号召各界人士有钱出钱、有枪出枪、有人出人，支持和参加抗日武装。刘大风、晁哲甫、王振华在清丰、南乐西部地区以农村党组织为核心，以已有的党的外围组织抗日救国十人团为基础，联络家乡进步青年学生，迅速建立抗日武装。当时，国民党石友三一八一师驻扎在南乐县，经过协商，1937年10月成立以一八一师游击队名义的抗日武装，但只有番号，枪支、弹药、服装都没有争取到。

刘大风（1906—1986），又名安明，直南地区党组织创建人，四支队的主要缔造者

　　不久，河北保安司令高树勋率部撤驻清丰。刘大风和高部的上校、副参谋长、地下党员唐哲明联络，将一八一师游击队番号改为"河北民军第一路第四支队"，唐哲明兼任支队长，刘大风任副支队长（实际是政治委员），张西三任参谋长。高树勋亲自到清丰西北的古城集参加成立大会，发给 32 支枪，3000 多发子弹和河北省币 1 万元，并允许部队到高的兵站领给养。不久，中共中央北方局派肖汉卿、陈耀元、漆汉臣 3 位红军干部到四支队，肖汉卿任支队长，陈耀元任第二中队长，漆汉臣任第三中队长，加强军事训练和红军传统作风教育，战士军事素质进步很快，在群众中威信不断提高。此时，中共直南党直接领导的第一支抗日武装正式形成。

　　据游击队主要创建者刘大风回忆："游击队成立后，一个首要问题是吃饭、穿衣。我们一没有军饷，二不能向群众摊派，怎么办呢？游击队的干部、战士都是出于拯救民族，救国救民参加的，人民正处在水深火热之中，宁愿自己想办法克服困难，也不愿给人民群众增加负担。开始靠个人带吃的，带穿的，有条件的多带一些，帮助其他战士。后来，又动员一些同情和支持抗日的地主自愿募捐，支援游击队。那时，我们不分上下，不分干部和战士，吃的都是高粱、玉米。夜晚，干部、战士同睡在一个草铺上。每到一处吃饭，用柴都要照价付钱。人民群众亲眼看到我们纪律严明，受到感动。有的干部家庭主动地送些东西给游击队；有的家属为了家乡和子弟的安全，也给我们送些准确的情报，游击队和群众建立了亲密的关系。"
陈平是最早参加游击队的青年。这既有他父亲陈笃之的大力支
持，更有他满腔热情参加革命的拳拳报国之心。

四支队的条件虽然艰苦，但经过党的政治思想工作和军事
教育，部队的士气高涨，战士严格遵守三大纪律八项注意，一
切行动听指挥，与群众建立了鱼水之情。队伍的宣传工作很有
特色，为了激励战士士气，陈平这些青年学生自发编写一些歌
谣。1938年春节是在青石磙村过的，由于1937年这一带遭到
特大水灾，秋季农作物歉收，群众生活贫困。春节有过年吃饺
子的习惯，虽然群众支持欢迎四支队战士，可是四支队队员坚
持不增加群众的负担，在村头打麦场里集体过春节，仍吃窝窝
头、老咸菜。大家高唱："窝窝头，小米汤，萝卜咸菜脆又
香，每班一碗辣椒酱，顿顿吃个净又光。"冬天战士基本没有
脱过衣服睡觉，没有睡过床铺，铺草多用玉米秸，睡觉时硌得
腰疼，他们反而说："玉米秸，硌得慌，学习卧薪把胆尝。棉
衣棉裤不用脱，虱子多了不痒痒。"铺上谷草舒服一点，就编
写另一个歌谣："干草黄，暖洋洋，胜似棉被和热炕。不怕刮
风下大雪，舒舒服服入梦乡。"革命乐观主义精神展示了共产
党领导的武装力量具有新的生命力、战斗力。

在完成了清丰县城一起铲除汉奸行动后，1938年2月，
四支队开往内黄县井店，与平杰三领导的八大队会合，将八大
队的主力合并到四支队，编为第四中队。合并后的四支队共

400 余人，270 多支枪，辖 4 个中队 1 个通信排。3 月初，就当时统一战线工作需要，四支队开往时任冀鲁豫八县保安司令丁树本的司令部驻地濮县常庄，参加了 3 月 8 日、9 日的小濮州伏击战、常庄保卫战两个战斗，初次对日军正式作战，沉重打击了日军进攻，大煞了敌人在直南地区的威风，极大振奋了群众的抗日热情。陈平沉着顽强，英勇战斗，这使他有了前线革命斗争的经验，增加了部队实战的经历。随着四支队战斗力不断提升，丁树本就想控制四支队的领导权，企图改编吃掉四支队，变成自己的武装。为了统一战线的需要，避免与丁树本直接冲突，1938 年 6 月，上级指示四支队挥师北上，到河北肥乡县（现为肥乡区）同八路军一二九师三八六旅七七一团会合，改编为东进纵队第七支队，编入正规军。根据工作需要，直南特委研究，四支队主力北上的同时，让一小部分同志留下来，重新投入地方工作，继续发展抗日武装，使革命火种接续战斗。陈平留了下来。

为表明参加革命的决心，陈希均改名为陈平，寓意希望赶走日本侵略者，中国人民共享和平。

从此，陈平的名字伴随他一生，激励他不断战斗。

1938 年 4 月，根据直南特委的指示，在各县的抗日民众自治委员会的基础上成立冀鲁豫抗日救国总会。5 月中旬，安法乾召集内黄、濮阳、大名、边东、边西和濮县等县代表 20 余人，讨论起草总会章程、发表宣言的具体事务，决定成立冀鲁豫边区抗日救国总会。安法乾为总会党团书记和行政负责人。

四支队发源地纪念碑，现位于河南省南乐县近德固乡留固店村

陈平在安法乾的领导下，积极参加了冀鲁豫抗日救国总会的筹建活动，对"加入共产党的渴望日益强烈，感觉要使自己的理想和事业一定要融入党的组织中来"。终于，在陈平以实际行动向党组织表明决心和信心后，经过组织的考验，1938年5月底，经安法乾做入党介绍人，陈平光荣加入了中国共产党，并担任了冀鲁豫抗日救国总会清丰县六塔区主任。

当时抗日救国总会主要是协助上级召集青年，参加县里举办的抗日训练班；到各个村，开展抗日宣传工作。每到一个村，站在板凳上，高唱抗日歌曲。如：

工农兵学商，一起来救亡，

拿起我们的武器刀枪，

走出工厂、田庄、课堂，

到前线去吧，

走上民族解放的战场！

脚步合着脚步，

肩膀扣着肩膀，

我们的队伍是广大强壮，

全世界被压迫兄弟的斗争，

是朝着一个方向。

千万人的声音高呼着反抗，

千万人歌声为革命斗争而歌唱。

随着形势发展，直南特委决定进一步加强抗日救国总会的建设，设置了宣传、总务、青年和妇女部等机构，充实了领导力量，健全了办事机构，安法乾任中共直南特委民运部长兼冀鲁豫抗日救国总会党团书记，陈平的二姐陈友菊任妇女部部长。1938年9月，陈平调中共直南特委工作，任组织干事，跟随特委领导同志赴各县巡视检查，对直南特委的全局工作有了切身感受和认识。

冀鲁豫抗日救国总会清丰县六塔区办公旧址，后改为清丰县二区抗日政府办公场所。旧址位于六塔集村南街路东，现已无存

回到家乡一年多的锻炼和随后的入党经历，让陈平的思想发生了很大变化，由"原来单纯的青年知识分子的狂热，以及小资产阶级对社会失望的状态中，逐渐认识了这个社会必须改造，必须由共产党领导进行斗争，必须打败日本侵略者，使

中共直南特委纪念碑（现位于河南省清丰县古城乡梁村）

自己从沉默到行动起来"①，认识到只有坚定不移跟共产党走，才能实现自己的理想和价值。

———————

① 　见于 1950 年陈平写的自传。

第三章　创建中共长垣县委

　　1938 年 1 月，按照中共中央北方局的指示，由冀鲁豫特委负责人张玺负责，刘大风、王从吾、刘汉生等在清丰县古城集重新建立了中共直南特委①，统一领导直南地区党组织的建设，负责领导内黄、清丰、大名、南乐、濮阳、滑县、长垣、汤阴、东明、淇县等县党组织的活动。直南特委成立后，陆续开始恢复和创建直南各县的党组织建设工作。

　　1939 年 1 月，直南特委根据已在长垣县指导工作的东明县民训科科长、中共党员杨锐的建议，决定建立中共长垣县工作委员会，调任直南特委组织干事陈平负责筹备工作。随即，

---

　　① 1937 年 10 月初，中共中央北方局代表朱瑞随国民党第一战区司令部退驻邯郸，根据中共中央政治局洛川会议扩大会议精神，指示冀鲁豫特委负责人张玺迅速恢复和建立大名以南各县的党组织，成立直南特委。张玺安排南乐县籍共产党员刘大风去直南负责筹建党组织。刘大风首先与当地有影响的老党员王振华、晁哲甫取得联系，又与刘汉生、王从吾等接上关系。他们先以中共直南临时特委的名义开展工作，先后恢复建立南乐县工委、清丰县委、濮（阳）内（黄）滑（县）边工委。1938 年 1 月，中共直南特委在清丰县古城集正式成立，朱则民任书记，刘大风任副书记，王从吾任组织部长，刘汉生、张增敬先后任宣传部长。

陈平赴长垣县工作，迅速投入长垣县委的筹备工作。2月，中共长垣县工作委员会成立，陈平任书记，崔桐轩任组织、宣传部部长，县工委对外称抗日工作队。中共长垣县工作委员会建立后，联合社会各阶层群众，建立广泛的统一战线。为进一步发展抗日力量和党组织建设，陈平、杨锐等商议，做通了国民党长垣县政府县长毛迪亚（毛守岱）的工作，由县政府拨出粮款，举办长垣县抗日军政干部训练班。陈平发挥自身经验优势，亲自负责训练工作，以抗日工作队的名义，办了两期学员班，共400余人，在学员中发展共产党员130多人。这些学员结业后，大部分回村就地坚持开展斗争，为以后共产党在这一地区建立抗日政府和发展地方武装，奠定了坚实的组织基础和干部基础。1939年上半年，在县委的努力下，党组织发展覆盖十几个村庄，群众性抗日救亡运动在城西、城南及县工委驻地竹林村（现属山东省东明县）等开展得热火朝天。

　　1939年2月底，直南特委分设为直南地委、豫北地委，长垣县归豫北地委领导①。豫北地委根据长垣县革命的实际情况，决定撤销原中共长垣县工委，改设中共长垣县委员会。3月，根据长垣县革命形势的发展，中共长垣县委成立。中共直南特委委员兼组织部副部长李广录调任长垣县委书记，陈平改

---

　　①　1939年2月，直南特委分设直南地委、豫北地委后，直南地委领导清丰、南乐、大名、濮内滑4个县委和濮阳北、大名五区两个工委；豫北地委领导濮阳、滑县、东明、长垣4个县委及封丘、汲县等地的党组织。

任县委副书记兼组织部长，崔桐轩任宣传部长，王福之任民运部长，县委驻地仍在竹林村。当时，县委仍以长垣县抗日工作队名义开展工作，确定了"大力发展群众，发展党的组织，搞好统一战线，逐步掌握政权，宣传扩大党的影响"的工作方针。4月，长垣县委加强国共两党合作，共同成立了长垣县抗日救国会，成为共产党领导的群众组织。5月，日军又占领长垣县城，随后建立起"维持会"。6月，由于汉奸告密，驻长垣县的日军包围县委所在地竹林村，火烧抗日工作队办公处（县委机关）。陈平带领县委机关及时转移，党组织没有遭到大的破坏。从此，日伪势力疯狂猖獗，长垣县形势恶化。7月，县委书记李广录调任冀南区党委组织部科长，陈平接任县委书记，李省三任组织部长，王福之任宣传部长，许荫森任民运部长。

陈平接任县委书记后，为进一步宣传党的抗日主张，增强群众对敌斗争的信心，主持创办了长垣县委机关刊物《曙光报》，主要转载前线消息和全县救国会活动情况，宣传开展抗战政策。同时，为支持抗日活动的开展，县委以抗日工作队名义，发行爱国券近万元，支持救国会的工作。考虑到抗日战争的长期性、持久性，县委决定由刘遵孔（刘铎）、张秀生负责筹建抗日武装，队部最初设在县委驻地竹林村寿圣寺内。开始只有十余人，力量薄弱，但县委领导人陈平等经常与他们在一起，积极想办法，以统一战线的形式，动员开明地主和群众在人力物力方面给予支持，很快搞到十多条枪，这样，逐步建立了一支小型的抗日武装。陈平经常向他们讲解革命道理，唱抗日歌曲，深受战士的爱戴。这支队伍纪律严明，秋毫无犯，与群众同甘共苦，深受群众拥护。在不长的时间里，由小到大，由弱到强，到1939年10月发展为两个班，力量得到加强，逐渐成为党领导的一支重要力量，12月改编为八路军冀鲁豫独立大队特务区队（连级），战士们配发了印有"八路"标志的臂章。

建立地方政权也是县委推进的重点工作。县委依托抗日救国会组织，以河东区刘庄、徐集一带，推举共产党员担任联保处主任，着手建立党领导的地方政权。1939年秋，县委以这些村庄为基础，试行推广党在根据地的合理负担等经济政策，建立起长垣县河东区抗日民主政府，民主人士马千里任区长，把河东区的30多个村划分为4个小区，使党组织控制了部分地方政权。1940年4月，根据形势的发展，长垣县委呈报中共豫北地委批准，决定建立长垣县抗日民主政府。4月12日（农历三月初五），县委组织河东区群众数千人在徐集村召开大会，宣布长垣县抗日民主政府成立。大会由县委民运部部长兼县救国会主任许荫森主持，并由其代表社会各界提出县长候选人名单。经群众举手表决后，刘子良当选为县长。陈平参加并代表县委讲话。会上，刘子良代表政府发布施政方针，青年救国会代表李全法、妇女救国会代表陈伯仲、河东区区长马千

中共冀鲁豫区党委诞生地纪念碑（现位于河南省濮阳市开发区胡村乡王什村）

冀南六县行政督察专员公署成立纪念地旧址（现位于河南省濮阳市开发区昆吾办安庄村）

里等依次在大会上发言，这标志着党领导的长垣县抗日民主政府正式成立。

1940年4月18日，根据北方局指示，为加强对冀鲁豫交界处地方党组织和抗日政权的统一领导，在清丰县西王什村成立冀鲁豫区党委①，下辖四个地委，长垣县归豫北地委领导。而在前一天，即 4 月 17 日，由冀鲁豫抗日救国会筹备，冀南六县行政督察专员公署在清丰县安庄村成立，安法乾任主任，并任命晁哲甫为参议室主任。会议同时决定，在濮阳、滑县、东明、长垣四县辖区一带设立办事处，负责领导豫北地区的政权工作，杨锐兼任办事处主任，贾心斋任副主任。此后，长垣县抗日民主政府归其领导。

　　冀鲁豫区党委一经成立，急需加强力量方面的配备，需要抽调干部充实力量。5 月，陈平调任冀鲁豫区委宣传部教育科副科长。

---

　　① 1940 年 4 月 18 日，为加强对直南、豫北和鲁西南地区工作的领导，巩固华北与华中抗日根据地的联系，中共冀鲁豫区委员会成立。委员会由王从吾、刘晏春、杨得志、崔田民、信锡春组成，王从吾任书记（未到任），信锡华任组织部长，刘晏春任宣传部长。4 月 30 日，太南区党委书记张玺随八路军三四四旅到达冀鲁豫边区，任区党委副书记，不久接任书记。区党委下属 4 个地委，郭超任第一地委书记，唐克威任第二地委书记，赵紫阳任第三地委书记，戴晓东任第四地委书记。

第四章　学习教育，熔炉锻造

　　1940—1942 年，冀鲁豫边区处于发展的初创时期，既要加强建党、建政、建军的工作，夯实和巩固边区的自身建设，又要抵御日伪军的扫荡和封锁，立住脚跟，排除困难，坚持下来。在此期间，陈平先后担任了冀鲁豫区党委宣传部教育科副

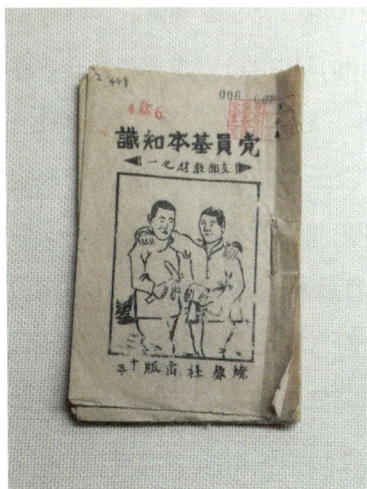

加强党员学习教育的《党员基本知识》读本

科长、区委党校总支书记等职务，一直参与党员的学习教育工作，对根据地党的建设倾注了辛勤努力，也使自己的思想得到锤炼，工作能力得到提高。建设敌后根据地，必须提升党的战斗力，按照中央统一要求，冀鲁豫区党委加强了对党组织的整顿工作。经过 1938 年和 1939 年突击发展党员的活动，虽然增强了党的力量，扩大了党的影响，但党员素质参差不齐。一部分党员的入党动机不纯，投机分子乘虚而入，严重影响了党的战斗力。为此，区党委一方面纯洁党的组织，审查干部，整顿支部，对每个党员进行严格审查。对那些不能受党的纪律约束、不能起先锋模范作用、自动要求退党的党员，允许他们退出。对少数混进的异己分子，坚决清除出党。另一方面，加强学习教育，分批分期分级轮训党的各级干部，帮助改造思想，转变作风。冀鲁豫区委党校主要是培训县级在职干部和区委书记，在培训内容上，既要讲革命理论，又根据实际，多教授一些工作方法，把上级的普遍号召和具体的检查指导相结合。陈平在这段时间工作中，坚持实事求是的作风，学习党的理论，注重调查研究，"已初步摆脱了教条主义束缚，而以党的决定与思想检查等内容充实了单纯理论和党的革命知识教育，又着重总结交流各地斗争经验"，使自己思想认识得到了进一步的提高，"党校的工作是比较活跃的，理论学习与具体斗争知识之结合是密切的，思想改造加强党性与理论水平提高是相互保证、齐头并进的"①。

初创时期的冀鲁豫边区受到了日伪军多次大扫荡，特别是1940年"五五"大扫荡、1941年"四·一二"大扫荡、1942年十月大扫荡，冀鲁豫边区损失惨重。如1941年4月12日，日伪军裹胁反动会道门武装2万人，对位于内黄沙区的冀鲁豫边区首脑机关进行大扫荡。敌人采用反复分割和围剿的战术，以及烧光、杀光、抢光等极其残忍的手段，妄图彻底毁灭沙区中心区，将边区挤走。这次扫荡过后，沙区农村的房屋被烧过半，军民被杀4000多人，粮食、种子和农具被毁大半。反扫荡结束后，边区党委、行署、军区及第一、第二地委和专署等，从单位抽调干部120余人，组成五个工作队，调查救济受害群众，筹集冀钞9万余元和大量粮食、物资等，赈济1400多个受灾户，解决了群众的眼前困难，稳定了社会秩序。陈平参加了这次反"扫荡"斗争，"虽然这次没有参加武装斗争，但也历经四支队斗争考验，使自己更沉着成熟了一些，对对敌斗争的残酷性有了更深刻的认识"。

两年多来，陈平在担任冀鲁豫区党委②宣传部教育科副科长、区委党校总支书记以来，虽然当时全党的整风未普遍开展，但是陈平"在办党校的实践中，由于区党委的密切领导，

---

① 见于1950年陈平写的自传。

② 1941年7月，由于对敌斗争形势需要，冀鲁豫区与鲁西区合并，组建新的冀鲁豫区党委，辖7个地委、专署和军分区。张霖之任书记，张玺任副书记兼组织部部长，张承先任宣传部部长，刘晏春任民运部部长，韩宁夫任秘书长。

有广大干部的实际教育与提高党性的学习，对我个人实际是一番整风学习，我从帮助其他同志们的自我批评检讨中联系了个人，对我的自由主义、个人英雄主义思想的错误深刻悔恨，感觉要好好在革命运动中提高自己"①。

自 1941 年以后，冀鲁豫边区连续遭受旱、蝗灾害，部分地区农业严重歉收，出现罕见灾荒。敌情严重，饥荒降临，根据地进入最为困难的时期。在敌祸、天灾交加之下，根据地日趋退缩。冀鲁豫抗日根据地的面积，1941 年比 1940 年缩小三分之一，1942 年 6 月比 1941 年又缩小五分之一。到 1942 年秋冬之际，边区的严峻局势达到顶峰。

1942 年 9 月中旬，中共中央政治局候补委员、华中局书记刘少奇由江苏前线返回延安途中，按照中央要求途经冀鲁豫中心区时，听取了冀鲁豫区的工作汇报，指导帮助边区解决困难，指示要深入发展群众，开展减租减息。他讲道："如果不迅速地把群众发动起来，给群众以看得见的物质利益，根据地就不能巩固，因为得不到群众的支持，总有一天，敌人会把你们搞垮、赶走。没有牢固的群众观念，不搞减租减息，就是机会主义。"区党委认真讨论并领会刘少奇同志讲话精神，决定立即把开展民主民生运动，把深入发动群众作为全边区的中心工作，并将中心区的濮县、范县作为试点。为此，区党委从党

_____

① 见于 1950 年陈平写的自传。

校、行政干校、陆军中学及边区抗联总会举办的干部训练班中抽调 500 名干部，组成政民工作队（亦称濮、范减租减息工作团），在范县道口村召开成立大会。工作队下设濮县、范县两个分队。濮县分队由 200 余人组成，边区抗联农救总会生活改善部部长徐林村任队长，陈平任工作队宣传部部长，9 月 20 日到达濮县。政民工作队的工作内容是，协助当地抗联发动农民，开展民主民生运动，对地主封建势力进行斗争。通过斗争，确立农民特别是佃、雇、贫农的优势地位，对地主掌握的旧政权加以改造。

濮县自抗战以来，国民党军队长期盘踞在此，阶级矛盾突出，顽固势力占着绝对优势。所以，徐林村、陈平等工作队领导采取由易到难、稳步推进的工作方针，首先从反贪污、实行合理负担入手，然后进行减租、减息、增佃，再进行改造村政权。反贪污，主要打击反顽军盘踞时敲诈勒索群众、贪污或躲避负担的地主当权者。通过 25 天的工作，370 个村庄完成了任务，占全县农村的 88.5%。工作成绩是明显的，通过清算地主等缴纳的公粮，完成了生产公粮 320 万斤的任务。在此基础上，进行减租减息工作，一般先减租增佃，再减息。这项工作大致经过发动、斗争、巩固三个阶段。第一阶段，首先是了解村中的租佃关系和剥削情况，宣传教育组织发动群众。第二阶段，召开群众大会，讲明抗日民主政府关于减租减息的政策。减租，主要是减以后的租。为了统战，过去已交的租不再倒回。标准是"二五减租",即在原来租金或租物的基础上,每百斤再减去25%。第三阶段是减租增佃后,为了防止地主勾地,让地主与群众签订契约,使佃户有永佃权。减租增佃工作,使不反对抗战的地主能够有一定的经济利益和地位,也减轻了农民的负担,从而团结了各阶层人士,巩固了抗日民族统一战线。濮县通过民主民生运动,调动了农民参加抗战和生产的积极性,密切了军民、政民关系。

在开展民主民生运动中,与进行冬学运动有机结合。冬学就是利用农闲时间,组织群众以政治学习为主、文化学习居次而开展的一项活动。政民工作队指导参加冬学的教师结合当地实际斗争情况,编写了不少服务民主民生运动的快板、秧歌。如:

旧社会里穷人苦

旧社会里穷人苦,每逢灾荒卖地土。

冰天雪地去讨饭,地主恶狗咬破肉。

带领妻儿逃四方,无吃无住泪汪汪。

卖儿卖女实心疼,妻离子散真悲伤。

人说东北好挣钱,步行走出山海关。

谁知日寇又强占,杀人放火罪滔天。

柳暗花明又一村,抗日来了八路军。

共产党的政策好,减租减息得人心。

斗争地主王老鼠

我村有个王老鼠，是个恶霸大地主。

官私勾结两面派，阴险狡猾笑面虎。

借他粗粮要还细，"驴打滚"利还不起。

紧紧逼粮又逼款，霸占穷人好土地。

"抗联"来到俺村里，农青、妇会组织起。

减租减息要认真，斗争地主王老鼠。

通过把民主民生斗争与冬学运动相结合，广泛深入发动教育了群众，建立健全了农、青、妇等群众组织，培养了一批能文能武的基层干部，调动了群众的积极性，推进了民主民生斗争和减租减息的深入开展，巩固发展了抗日根据地。

在陈平参加领导濮县政民工作队期间，冀鲁豫区党委迎来了主要领导人的变动。1942年10月，中共中央北方局决定调冀中区委书记黄敬担任冀鲁豫区委书记。黄敬到任后，经过调查研究，11月召开了全区高干会议，传达党中央、北方局的指示，总结边区几年的工作，确定了今后的紧急任务，主要是充分发动群众，深入开展以减租减息为中心的民主民生运动；采取敌进我进，大胆将小部队插入敌后；灵活运用斗争策略，拆散"日、伪、顽"联合；实行党的一元化领导，进一步精兵简政。这次会议，对边区的局面起到了转

中共冀鲁豫（平原）分局革命根据地旧址一角（现位于山东省莘
县大张镇红庙村）

折作用。根据这次高干会议的安排，濮县、范县的民主民生
运动进一步深化。1943 年 1 月，濮县、范县政民工作队胜利
完成任务。冀鲁豫边区对这次民主民生运动的试点工作进行
总结经验，接着在面上铺开，在全区普遍展开。而参加濮范
政民工作队的多数队员也成为群众运动的骨干力量，被分配
到冀鲁豫各个地区。对这次民主民生运动的成果，正如管辖
濮县、范县的二地委书记万里形象地比喻当时二地委群众运
动的形势，是"在纵横二三百里的地面上，无村不运动，无
村不斗争，处处点火，村村冒烟"。陈平在参加为期一年半

的民主民生运动中，"进一步体会到农民的痛苦，要进一步改造我的情感与阶级性。一年半的群众斗争也丰富了我的斗争知识，进一步明确了依靠群众相信群众的思想。减租减息工作是比较深入艰苦的，学习创造了典型，掌握了群众的工作方法"。

1944年秋天，陈平因病离开工作岗位，回到了老家单拐村休养。冬天，陈平与尚和县二区东北庄（今属河南省濮阳市华龙区岳村镇东北庄）姑娘刘承坤结婚。东北庄在单拐正

陈平与妻子刘承坤（1962年秋在哈尔滨）

南 1000 米的距离。刘承坤出生于 1924 年 11 月 21 日，比陈平小 2 岁。

第五章　引荐冀鲁豫边区首脑机关 进驻单拐

1943年11月，中共中央决定成立冀鲁豫分局，又称平原分局，统一领导冀南、冀鲁豫两个区的工作。黄敬、宋任穷、李菁玉、苏振华、杨勇等为分局委员。黄敬任分局书记，宋任穷任组织部长，李菁玉任宣传部长，张霖之任民运部长兼组织部副部长，张玺任秘书长。1944年5月11日，为更进一步实现两区的统一领导，两区党委一致建议并报中共中央北方局批准，撤销两个区党委机构，由冀鲁豫分局直接领导各地委[①]。分局直属北方局领导，下设冀鲁豫工作委员会、冀南工作委员

[①] 两区合并后，所属地委、军分区、专署序列做了相应的调整。原冀鲁豫区第一地委即泰西地委，仍称冀鲁豫区第一地委；原冀南区第二、三、四、五、六、七地委，依次改称冀鲁豫区第二、三、四、五、六、七地委；原冀南区第一地委撤销，所属元城县划归冀鲁豫第七地委领导，其他各县划归冀鲁豫第三地委（1945年10月，两区分开后，冀鲁豫第七地委又改称冀南第一地委）；原冀鲁豫区第二、四、五、六地委，改称为冀鲁豫区第八、九、十、十一地委；原冀鲁豫水东地委改称冀鲁豫区第十二地委。军分区序列的调整与地委同，水东独立团于1945年改称冀鲁豫第十二军分区。原冀南所辖冀鲁豫边区政府第一、二、三、四、五、六专署，依次改称冀鲁豫行署第二、三、四、五、六、七专署；原冀鲁豫行署所辖晋冀鲁豫边区政府第十六、十七、十九、二十、二十一专署，改称为冀鲁豫行署第一、八、九、十、十一专署；水东专署改称冀鲁豫行署第十二专署。

会，由张霖之、张策分别任书记，作为研究、督促、检查两地工作的分局派出机构。新的冀鲁豫军区由宋任穷任司令员，王宏坤、杨勇任副司令员，黄敬兼任政治委员，苏振华任副政治委员，曹里怀任参谋长，朱光任政治部主任，傅家选任后勤部长，刘德海任后勤部政治委员。

原冀鲁豫行署和冀南行署于 1944 年 6 月 15 日合署办公，联合下达指示和法令。考虑到两区行署机关均有较长历史，对

冀鲁豫边区革命根据地纪念馆旧址的陈平纪念陈列展室

位于河南省清丰县双庙乡单拐村的冀鲁豫边区革命根据地旧址

群众有较深影响，在合署办公后，对外仍暂时保留两个行署的名称①。

　　1944 年初，日本侵略军为了打通从中国东北到越南的大陆交通线，先后从华北、华中抽调大量兵力，发动豫湘桂战役。这时，日军在冀鲁豫地区的兵力数量显著减少，在此地区的伪军军心动荡、士气低落。根据抗战形势发展需要，特别经过春季攻势作战，冀鲁豫根据地军民积极进行反扫荡斗争，取

---

　　①　1945 年 5 月 4 日，为适应全区日益发展的形势，冀鲁豫边区参议会决定合并两区行署。因冀鲁豫行署主任晁哲甫在延安学习，行署工作由徐达本、贾心斋负责，合并后的冀鲁豫行署仍隶属晋冀鲁豫辖区政府。

得了全歼守敌 2000 余人的清丰战斗的重大胜利，恢复内黄县城，攻克一批日伪军据点，发起讨伐刘本功部战役，解放了濮阳和南乐县及豫北大部分地区，使鲁西南与濮（县）范（县）观（城）中心区连成一片。1944 年 8 月底，冀鲁豫边区的抗战局部反攻取得了明显胜利，因此，边区党委决定把指挥部前移，把冀鲁豫分局和冀鲁豫军区的首脑机关从濮范观中心区的观城县红庙村外迁，这就面临着首脑机关驻地的重新选址。这时候，在清丰县单拐村老家因病休养的陈平得知这一消息后，心情非常激动，感到这是一个好的机遇，于是他在认真分析了单拐的革命基础、区位优势、周边环境等因素后，认为这里非常适合作为冀鲁豫边区首脑机关的驻地。

当时，单拐村位于清丰县城东南 30 余里的潴龙河东侧，不靠公路，位置比较偏僻、隐蔽。该村及其周边一带是冀鲁豫边区建党较早的地区之一。全面抗战爆发后，这里又成为区域性抗日救亡运动的中心之一。陈平的父亲陈笃之是一位开明绅士，抗战初期，曾与晁哲甫一起成立清丰县抗日民众自治委员会，被推举为会长，又组建了清丰县民众联合抗日自卫团，为稳定清丰局势起了重要作用。1938 年 3 月，陈笃之和晁哲甫、高镇五等就在单拐村组织开办了"文化教育工作团训练班"，招收学员 150 多名，培养了一批革命骨干力量。1940 年年初，在讨逆战争的卫东战役中，单拐村民冒着生命危险掩护了 72 名八路军伤病员。所以，单拐村及周边一带扎实的群众基础、良好的政治局面为冀鲁豫分局和军区司令部进驻创造了有利条件。

怀着对组织负责的心情，更抱着一位坚定共产党员的责任和担当，陈平向冀鲁豫分局党委写了一封建议信。信上，陈平请求冀鲁豫分局首脑机关搬到单拐村，理由一是单拐革命基础好，抗日热情高；二是远离县城，环境安全隐蔽；三是居住环境较好，办公条件宽阔。经冀鲁豫分局认真考察后，1944年9月，冀鲁豫分局和冀鲁豫军区落户单拐。陈平和父亲陈笃之动

单拐村陈氏祠堂旧址大门，现为冀鲁豫军区兵工厂展览陈列室

员单拐村群众为部队腾房、筹款，说服族人把陈氏祠堂作为兵工厂驻地，之后又将自己的酿酒作坊分文不收地捐献给军区。

从此，单拐这个偏僻小村成为冀鲁豫边区抗日根据地的指挥中心。黄敬、宋任穷、王宏坤、杨勇、苏振华、张玺等党政军领导同志都住在单拐。冀鲁豫分局、冀鲁豫军区司令部以及1945年3月中共中央北方局在单拐村活动期间，开展了整风运动、民主民生斗争、大生产运动，积极组织了对日寇的战略大反攻。自此，单拐村成为抗战后期冀鲁豫边区革命的大本营和活动中心。冀鲁豫军区在单拐组建了军区第一兵工厂。中共兵工史上第一门大炮在单拐诞生。可以说，陈平是冀鲁豫分局和冀鲁豫军区进驻单拐的引路人。

第六章　改行实业，钻研技术

1945 年 1 月，陈平身体康复，到冀鲁豫边区行署实业处工作，任建设科科长。陈平自参加革命斗争开始，一直从事党务工作，身体康复后，改换到实业处工作，从工作性质来看，跨度还是非常大的。其中的原因，一方面可以说，陈平作为一名矢志跟党走的共产党员，服从党组织的分配和需要。另一方面，与他父亲陈笃之的影响有关。陈笃之在全面抗战爆发后，率全家从北京返回单拐村，积极支持抗日，参加爱国活动，参加了"三三制"抗日政权冀鲁豫行署的工作，任行署实业处处长。自此，陈笃之开始为发展农业、提高生产水平辛勤努力，在本村推广棉花、八一谷等优良品种种植，引进了西红柿，建立了酒作坊，大力发展经济，以支持根据地的经济发展。这些对陈平的影响很大，特别是抗战进入后期，抗日胜利曙光已初显，当时经济建设人才在冀鲁豫边区非常稀缺，所以，投入经济领域致力于实业建设就成为陈平新的选择。

1945 年年初，陈平转入实业处工作时，全党自 1943 年 10

月开始提倡的大生产运动已达到热潮，冀鲁豫边区的大生产运动也如火如荼地开展，在农业生产得到极大发展的同时，边区还建立了一些小型民用品工厂，生产多种生活日用品。军区建立了纺织厂、机械厂、锅厂和鞋袜厂等。如纺织厂有设备 11 台，人员 250 多名，每月生产色布 1500 匹。机械厂有人员 90 多名，每月生产轧花机、弹花机 30 多台。锅厂有人员 160 多名，每月生产锅 200 多口。进入工业战线工作，对陈平意味着新的起点，陈平的工作热情和革命干劲又得到了新的迸发，他对技术产生了兴趣，对企业管理知识也有了初步的了解和认识。可以说，实业处的工作对陈平的锻炼和学习，为他以后从事工业领域打下了一定的基础。

就在陈平投入火热的革命建设工作时，1945 年 3 月单拐村迎来了一位重要领导人。事情的起因是，1944 年 11 月，冀鲁豫分局（又称平原分局）党委书记黄敬因病离职去延安休养，中共中央北方局决定由军区司令员兼分局组织部部长宋任穷代理分局党委书记。1945 年 1 月 23 日，为进一步加强冀鲁豫根据地的工作，中共中央发出了《关于加强冀鲁豫根据地工作给北方局的指示》，指示中说："最近冀鲁豫根据地有极大发展，人口将近二千万，超过太行、太岳数倍，为敌后最大根据地，但减租减息大半尚未实行，各种政策尚未完全走上正轨，根据地的群众基础尚不巩固，而黄敬又因病离职。为此，中央特向你们提议，北方局即时进至冀鲁豫根据地工作，并从

冀鲁豫边区革命根据地纪念馆旧址的邓小平住居

太行、太岳抽调一批减租减息有经验、群众作风又好的干部到冀鲁豫，普遍发动冀鲁豫群众进行彻底的减租减息，求得根据地进一步的巩固。在有数千万人口的根据地，中央土地政策应利用目前有利时机认真贯彻。北方局必须亲自负责到平原去工作至少半年至一年，协助分局完成这一伟大任务。"接到中央的指示后，时任中共中央北方局代理书记邓小平决定亲自去冀鲁豫一趟，调研指导工作。3月中旬，邓小平带领北方局机关20多人由八路军驻地山西辽县麻田村（今左权县）到达清丰单拐村的冀鲁豫分局和冀鲁豫军区驻地，调研指导工作。6月6日，邓小平主持召开冀鲁豫分局群众工作会议。邓小平在会上就冀鲁豫边区前段的民主民生运动做了总结讲话，首先对取得的成绩表示了肯定，也指出了运动中存在的弱点和偏向，最后，对全区今后的群众工作提出了意见，要求全区仍以发动群众为中心，务求把减租减息的政策贯彻到底。边区群众工作会议之后，按照北方局和邓小平的指示精神，冀鲁豫边区各地进一步开展民主民生运动，为抗日战争的最后胜利和解放战争时期成为战略进攻的大后方奠定了坚实的群众基础。会后不久，邓小平离开单拐赴延安参加中共七届一中全会。已经发动起来的边区广大农民群众，以空前高涨的革命热情投入了参军、支前和发展生产等各项工作之中。

　　1945 年 8 月，在冀鲁豫边区革命热情空前高涨的形势下，抗日战争迎来了最后的胜利。8 月 11 日，冀鲁豫行署和军区联合发出命令，号召全区军民实行总动员，解除盘踞在边区的日伪军武装，积极解放中心城市，保卫抗战胜利果实。至 9 月底，经过一个半月的反攻作战，冀鲁豫边区已控制 75 座县城，全区地方武装和主力兵团由原来的 4 万多人增加到 10 多万人，冀鲁豫边区的战略大反攻取得辉煌的战绩。与此同时，根据国内形势和斗争需要，中共中央在 8 月 20 日决定成立晋冀鲁豫中央局和晋冀鲁豫军区，邓小平任晋冀鲁豫中央局书记，薄一波任副书记，刘伯承任晋冀鲁豫军区司令员，邓小平兼任政治委员，王宏坤任副司令员，薄一波、张际春任副政治委员。同时，撤销北方局和冀鲁豫分局，晋冀鲁豫边区划分为冀鲁豫、冀南、太行、太岳四个区党委和军区①。面对国民党军队对解放区的侵犯，为了保卫抗日战争的胜利果实，做好解放战争的准备，晋冀鲁豫军区决定建立大型炮弹厂和六个不同规模的军工厂。冀鲁豫行署实业处决定让陈平开始参与军工厂的接管、建设工作。

1946 年 1 月 9 日，刘伯承、邓小平指挥晋冀鲁豫军区第七纵队和冀鲁豫军区解放了鲁西南最大城市——济宁，并成立由万里、张国华负责的济宁市警备司令部维持城市秩序。济宁城濒临京杭大运河，有兖（州）济（宁）铁路与津浦路相接，交通便利，工商业等发达。为接收济宁市，冀鲁豫边区高度重视，抽调了多个部门人员参加。工业部门接收人员在冀鲁豫军区军工部副部长徐剑平的带领下，包括陈平在内的十几名人员，参加了接收济宁市敌伪工厂的工作，主要任务是扩大兵工产品的建设与生产，同时了解武器生产质量。

济宁解放后，从济宁铁工厂运出几部车床，陈平借着字典的帮助，读懂了机床的英文说明书，开动了机床。这引起了济宁市接收负责人的重视。当时共产党的干部普遍为工农出身，懂科学技术的人才非常稀缺。陈平的表现给大家带来了极大的惊喜，也使济宁铁工厂旧政权的管理者对共产党干部有了新的认识。

---

① 1945 年 10 月，冀鲁豫区和冀南区正式分开，恢复两个区党委、军区和行署。

　　济宁解放后，冀鲁豫地区已掌握了辖区的大部分大中城市。按照晋冀鲁豫中央局的部署，为恢复和发展城市经济，冀鲁豫区党委成立由区党委书记张玺任部长，韩哲一、傅家选任副部长的经济部，以加强对全区财政经济工作的统一领导。同时，为了适应工业发展的需要，冀鲁豫军区军工部改组为冀鲁豫党委经济部工业组，兵工生产大部转为民用品生产。同时，冀鲁豫边区为了加强对城市经济工作的领导，先后设立濮阳、临清、济宁、菏泽和道口5市。在公营工业企业方面，接收、改造或建立了冀鲁豫华丰总厂、济宁济华铁工厂、济宁市振兴火柴厂、冀鲁豫裕兴化学厂、菏泽市利华针织厂、冀鲁豫德兴油厂等6个规模较大的工厂。根据工作需要，1946年2月，冀鲁豫行署决定正式调任陈平到济宁济华铁工厂工作，任工务主任。

　　济宁济华铁工厂的前身是国民党山东先遣暂编保安第二师师长兼第一旅旅长刘本功的军事修械所，后改名为济宁济华铁工厂。济宁解放后，为适应军事工业走向平战结合、军民结合的需要，经冀鲁豫党委经济部济宁办事处审定，济华铁工厂的生产方向和任务，以生产迫击炮弹为主，兼顾生产卷烟机、马车轴承、滚珠等。该厂共有工人300余人，1946年3月共产党领导成立了工会。陈平作为济华铁工厂的工务主任，主要负责保养、维修等技术，与一线工人直接打交道。他协助厂方经理和工会，加强与工人的沟通合作，对工人照顾周到，使生产

冀鲁豫军区兵工二厂自制土炉炼铁

效率大为提升。工资按市面物价涨落为标准，这样工人生活就没有大困难，每日除工作外，下午5时至6时为学习时间。为了改善工人生活，陈平建议厂方经理提交十万元给工会，帮助工人成立合作社，并利用锅炉的暖气设立澡堂，工人每周可洗澡一次。经理每月向工会报告营业状况及厂中行政事宜，使工会和工人了解厂里一切行政情形，如有意见可尽量提出，厂方虚心采纳。厂内定有分红制度，所以工人都乐意将精力投入工作中去。陈平自动组织了突击队，制订生产计划，节省原料，降低成本。济华铁工厂自解放军接管后，生产出了弹花机和钢轮卷烟机多台，并坚持按平常价格卖出。解放战争开始后，济华铁工厂由济宁搬迁到冠县小郭寨，分三次进行了转移。根据解放战争爆发后的形势需要，济华铁工厂改组成冀鲁豫兵工二厂，恢复了以兵工厂生产为主的局面，主要生产八二迫击炮弹，有力支持了解放战争的发展。

1947 年 2 月，冀鲁豫党委经济部工业组改为冀鲁豫行署工业管理处，负责组织兵工、军需民用生产，驻冠县许村，处长程重远，副处长张明，监委高文甫，副监委徐剑平。下设冀鲁豫兵工一厂、二厂、三厂、四厂及军需用品厂。陈平由冀鲁豫兵工二厂的工务主任升任副厂长。陈平任职不久，晋冀鲁豫

军工战士自制的手摇钻

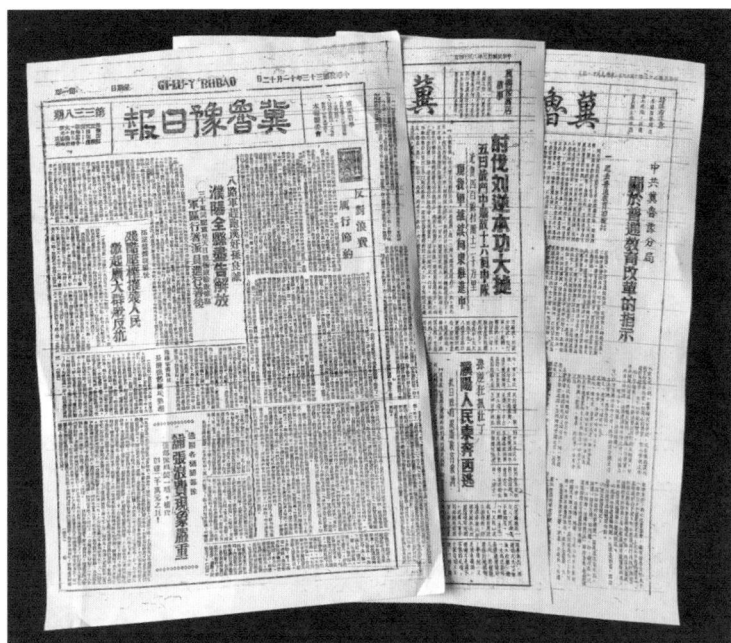

《冀鲁豫日报》对边区战略反攻、经济社会发展等的报道

军区军工部就全区兵工厂开展了以"产量高、质量好、成本低、材料足、销路广"为生产方针的争创"刘伯承工厂"的立功竞赛运动。运动开始后，陈平和冀鲁豫兵工二厂领导班子一起深入发动群众，讲形势，讲支援刘邓大军南下的重要意义，号召职工积极投入生产竞赛中去。同时，将任务落实到工部、小组和个人。职工们纷纷订计划、提措施，提出了"后方多流汗，前方少流血""人人要立功，立功最光荣""支援前线，保卫胜利果实，解放全中国"等响亮口号，竞赛迅速

掀起高潮。全厂上自厂长，下至工务员，都订立了立功计划，按周、月、季检查评比，大家你追我赶，奋力争先，使生产竞赛不断推向深入。陈平作为主抓生产的副厂长，坚持吃住在工房，昼夜加班，加强生产管理和技术管理，建立了计划统计、新产品检验、收发保管等责任制，以及工时、材料消耗登记制度，经济核算得到加强，产量质量不断上升，成本逐步降低。1947 年年底，经晋冀鲁豫军区军工部组织评比，兵工二厂被评为"刘伯承工厂"。

第七章　初识机车，结缘铁路

　　解放战争反攻的序幕已经拉开，位于太行山区兵工厂的枪支弹药的运输问题亟须解决。铁路运输对人民解放军的胜利进军，特别是枪支弹药等后方补给显得越来越重要。为配合解放军的大反攻，1947年2月，晋冀鲁豫中央局和边区政府决定修建涉县到邯郸的邯涉铁路，以沟通太行山区到反攻前线的交通。这是中国共产党领导下修建的第一条铁路，在中国共产党历史上和铁路交通史上都有着重要的里程碑意义。

　　在修建路基和铺轨的过程中，晋冀鲁豫边区把机车车辆的修配放在重中之重的位置。1948年1月，决定冀鲁豫兵工二厂迁到磁县，移交华北人民政府交通部邯郸铁路管理局，改组为机车制修厂。袁可辛被任命为邯郸铁路管理局机车制修厂厂长，陈平任副厂长。月底，袁可辛调走，陈平主持工作，10月接任厂长。陈平到任后，对边区军民拆毁平汉铁路安阳至邢台段、邯郸至磁山段、马头到峰峰支线以及矿山段而运进太行

1948年2月，邯郸铁路管理局机修厂欢送袁可辛厂长留念（中间排左二为陈平）

山区的部分机车、车辆等进行了搜集①。但是，要想马上修复使用，工作任务繁重，时间要求紧迫，仅靠共产党的力量短时间难以完成。陈平走访了留下来的车辆维修技术人员，与其谈心谈话，沟通思想，对留下来的技术人员在政治上信任、工作

———————

① 1945年10月，邯郸战役打响。晋冀鲁豫边区人民为粉碎国民党军妄图打通平汉路，进而侵占华北的阴谋，边区军民拆毁平汉铁路安阳至邢台段、邯郸至磁山段、马头到峰峰支线以及矿山段，大量铁路器材由边区人民政府组织沿线群众收藏，部分机车、车辆和钢轨被运进太行山区。修建邯涉铁路，利用被拆除的铁路器材，是在原路基的基础上修建的窄轨铁路。

上支持、生活上关心照顾，重视发挥他们的作用，安定这些人的情绪，解除思想顾虑。在此基础上，组织力量对部分机车、车辆进行了钻研、摸索和维修，使它们由慢慢"活起来"，到"动起来""跑起来"。为保证车辆运营，在机车修造厂下设立了3个工务段，分段负责车辆的维修、保护和运营。由于时间紧迫，技术水平有限，整个邯涉铁路全线无信号设备，车辆行驶全凭站务人员手动发布信号和列车鸣笛。整个筑路过程中，边区人民团结一心，艰苦奋斗，谱写了一篇战天动地的战地歌曲。刘伯承司令员亲自在筑路工地拉石碾子压路基；石匠用烘炉和钳子打造道钉、夹板等施工工具；筑路群众更是靠双手开辟了20米深的路堑，保证了30%以下的坡度技术要求；没有给水塔，靠人力从井中提水，给机车上水。虽然当时技术水平有限，筑路设备非常简陋，但共产党人以战天斗地的精神和克难攻坚的勇气，完成了中国共产党历史上第一条铁路的修建。

1948年10月20日，邯涉铁路正式通车，线路全长100.6公里。邯涉铁路诞生在人民战争的关键时期，适应了战略大反攻的需要，对支援前线发挥了重要的作用。邯涉铁路的通车，替代了老区军民人担畜驮的支前方式，开通了客运、货运和客货混合列车。如淮海战役期间，邯涉铁路在后勤供应中的突出地位无可替代。从涉县到邯郸的列车，一趟能运30吨弹药，几个小时就可到达。如果换成牲畜，运送这些弹药需要400头牲口，最快也要3天。铁路的修建，极大地提高了运输能力，为解放战争做出了突出贡献。同时，在铁路建设过程中，培养了一支铁路工人队伍和一批技术骨干，为以后大规模地接收和新建铁路积累了宝贵的经验。刘伯承同志高度评价这条铁路，他说："我们白手起家修建了这条铁路，这是我们解放区自己的第一条铁路。"

随着解放战争步伐的加快，解放的大城市越来越多，这就需要大批工业管理干部和技术干部进入大城市接管工业交通部门。1949年5月20日，古都西安解放。6月，陈平调任郑州铁路局西安分局机务科军事代表、科长。当时，对铁路部门的接管方法，实行军代表制。先由军方联合办事处提出被接管单位和军代表名单，经过同意后，军代表进驻被接收单位，宣布接管工作开始。军代表的任务是宣布与执行政策，接管与掌握人员、物资档案，管理生产业务，处理人员、物资情况。接管工作实行自上而下，按系统交接。当时，恢复被战争破坏的国民经济，首先在交通。所以，铁路部门的接管工作处于首要位置。陈平作为西安分局机务科的接管工作负责人，一方面与原有人员进行移交机车车辆，清点数量，尽快恢复运输生产的工作；另一方面，对被接管人员进行宣传教育，再三宣布凡留守原工作岗位的，一律原职原薪，安心工作，听候处理。同时深入群众调查摸底，对反动党团、特务进行登记，清理反革命分子，分清敌我阵线，解除大部分留用人员的后顾之忧，使他们看到了希望，激发了他们要求革命、要求进步的热情。西北战

1949 年 6 月，陈平（右）离开邯郸铁路局时与同事合影留念

场的局势进展迅速，西安铁路分局对铁道的恢复工作在"解放军打到哪里，铁路就通到哪里"的口号鼓舞下，在广大人民群众的支持下，西安段正常通车，对第一野战军进军西北，沟通与北京、郑州等大城市的联系，对西北的物资交流运输、克服经济困难，都具有重大意义。

1950 年 7 月，陈平调任郑州铁路管理局厂务处副处长，后接任处长。这时，刘建章从平津铁路管理局副局长调任郑州铁路管理局局长。这也是陈平第一次直接在刘建章领导下开展

郑州铁路管理局厂务处组织变更前干部留影（第二排右起第五人为陈平）

工作，刘建章的大局意识、认真作风都给陈平留下了很深的印象。当时，郑州铁路局的位置已日趋重要。1948 年 10 月郑州解放后，"中原陇海、平汉铁路郑州联合管理委员会"随即成立，1949 年 2 月更名为"中原陇海、平汉铁路联合管理局"，3 月 11 日成立郑州铁路管理局。此时，新中国正处大规模恢复建设时期，郑州作为一座由铁路拉出来的城市，在平汉、陇海铁路两条主动脉的交汇处，其地理位置连南贯北、承东接西，作为铁路交通枢纽的地位日渐凸现。而厂务处作为郑州铁路局的三大系统之一，负责郑州局所辖区域的机车和车辆的保养、维修。和全国铁路系统的形势差不多，新中国成立之初，铁路上行驶的机车都是从英、美、法、德、日、比、捷等国进口的。我们的机车工业十分落后，仅能修配作业，主要零部件要从外国进口，而且到新中国成立前夕已经停止，依旧只能进行修配作业。但是铁路回到人民手中，废除了旧制度，实行民主管理，工人成为主人，广大职工焕发了高涨的生产热情。

在条件简陋的情况下，陈平带领郑州铁路局厂务处积极开展"死车复活"等各种形式的生产突击活动和"循环优胜"等劳动竞赛，开展"找窍门、挖潜力"活动，调动了职工的创造精神，保证了机车的维修和保养。特别是带领大家积极参加了铁道部组织开展的"满载、超轴、五百公里"（简称"满超五")为中心的劳动竞赛①，郑州局铁路职工热烈响应，在不长的时间内就提高了运输效率。1952 年与 1951 年相比，货物机车日车公里平均增加 66.3 公里，货物列车牵引总重量增加 185.4 吨，货车静载重平均增加 1.7 吨，货车周转时间平均缩短 0.14 天。由于这些主要技术指标突破了旧的水平，从而大大挖掘了铁路的潜力，为国家节约了机车、车辆、燃料和劳动力。到 1952 年年底，郑州局学"郑锡坤超轴五百公里作业法"货运司机的比重已达 50% 以上。

陈平还参加了郑州黄河大桥加固补强工程建设。平汉铁路上的黄河铁路大桥始建于 1900 年，原来工程简陋低劣，新建时行车速度限制在每小时 15 公里，桥梁保固期 15 年。解放前，由于屡遭破坏，行车速度降至每小时 5 公里。机车通过时，钢轨左右摇摆，上下点头，一列车通过须分两次牵引，先拉一半过去，回头再拉另一半。黄河两岸的车站区间不足 5 公里，旅客竟然要在车上等 3 个多小时才能通过。新中国成立后，在苏联专家的帮助下，大桥进行了第一、第二次加固，列车速度提高

---

① 1949 年以后，铁道部为了缓解机车车辆不足的矛盾，结合学习苏联铁路经验、学习中长铁路经验，掀起了"满载、超轴、五百公里"为中心的劳动竞赛，大力提倡总结推广交流先进经验，推选劳动模范，从而提高了机车车辆的运用效率。"满超五"活动促进了大批先进技术指标的出现，推进了经营管理上的一系列改革。如公布了《关于在北、南方建立模范机车车队的办法》，颁布了《超轴列车编组及运行办法》，推广"郑锡坤超轴五百公里作业法"，修改车站技术作业过程，制定紧密运行图，平衡机车牵引定数，改善行车组织和指挥方法，修订规章制度，等等。

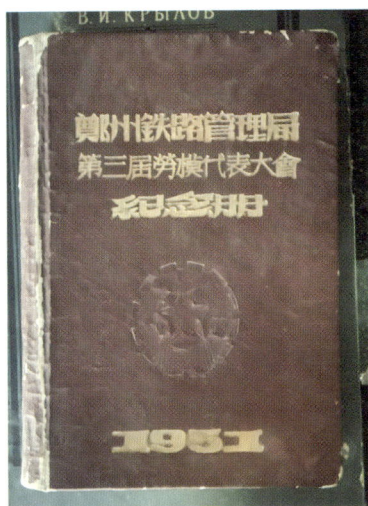

陈平同志保存的郑州铁路管理局第三届劳模代表大会纪念册

到每小时 10 公里。1950 年 5 月，按计划进行为期四个月第三次加固。但到 7 月份才完成计划的 5%。7 月中旬整个工程进展受到了铁道部主要领导的批评后，郑州局党委统一思想，提高认识，加快了施工进度。11 月 7 日，加固工程全部完工，举行了通车典礼，陈平指挥 2400 吨的超轴列车以每小时 60 公里的速度安全通过。经过加固后，黄河铁路大桥运输能力大大超过了以前，消除了京汉线的疙瘩，保证了南北运输的畅通。1952 年 10 月 31 日，毛泽东主席乘专列视察黄河，登临邙山，眺望黄河水势，查看黄河铁路大桥，对不修新桥而加固旧桥的做法表示肯定，当场指示："现在处在经济恢复时期，百废待兴啊，要保持和发扬党的优良传统，勤俭办一切事业！"

第八章　任职长辛店机车厂，
弘扬光荣传统

　　1952 年 12 月 28 日，铁道部调陈平到长辛店机车车辆修理工厂任厂长①。北京长辛店机车车辆修理工厂前身为长辛店铁路工厂，始建于 1897 年。为保证英国修建卢保铁路的需要，首先在卢沟桥建起了邮传部卢保铁路机厂，1901 年迁至长辛店。长辛店铁路工厂的工人，成为北京最早出现的一支产业工人大军。1918—1919 年，青年时代的毛泽东曾两次来到这里开展革命活动。1921 年中国共产党成立后，这里很快发展了一批工人党员。1922 年在共产党的领导下，觉醒了的长辛店

---

　　① 中国铁路机车车辆工业，是以生产铁路机车车辆及其配件为主的专业性机械工业。它随着中国铁路诞生而建立，随着中国铁路建设事业的发展而前进。新中国成立后，机车工厂主要维修旧有的车辆，恢复和发展生产。1952 年 12 月，为了加强对机车车辆工业的领导和统一规划，铁道部决定原分属各铁路局领导的铁路工厂改为直属铁道部领导。经过撤、并、转，最后归属铁道部领导的有 20 个工厂。与此同时，铁道部将这 20 个工厂划分为制造厂和修理厂，设机车车辆制造局和机车车辆修理局分别管理。这 20 个工厂是：大连、齐齐哈尔、天津、四方、武昌、萧山（后迁并武昌）、沈阳、牡丹江、哈尔滨、唐山、长辛店、南口、石家庄、太原、济南、浦镇、戚墅堰、江岸、株洲、西安。其中前 6 个为制造厂，隶属制造局；后 14 个为修理厂，隶属修理局。

铁路工人举行了著名的"八月罢工"，取得了全面胜利，鼓舞了京汉铁路全线工人。由此策划成立京汉铁路总工会，从而使这里成为震惊中外的 1923 年京汉铁路"二七"大罢工的主要策源地。毛泽东对此给予了高度评价。他曾说："中国工人运动还是从长辛店铁路工厂开始的。"

1953 年以前，是新中国成立后国民经济三年恢复时期。那时铁路方面的工作任务是接管和抢修旧有铁路，恢复通车；着手改造旧的管理制度，增进运输营业。从 1953 年开始，执行发展国民经济的第一个五年计划，我国工农业生产建设立即出现了大的发展势头，铁路运量急剧增长，每个机车工厂都承担着较重的年度计划任务，压力倍增。在陈平的带领下，长辛店工厂在"一五"计划的执行中，按照铁道部要求学习、推广中长铁路的管理经验①，狠抓生产管理，以完成年度计划为目标，运用经济方法，从工厂、车间到班组全面推行经济核算

① 1950 年 2 月，中国同苏联签订了《中苏关于中国长春铁路、旅顺口、大连的协定》。协定规定，苏联政府将中长铁路的一切权利及属于该铁路的全部财产无偿移交给中国政府。同年 4 月，成立中苏共管的中长铁路公司，管理原中东铁路和哈大铁路。1952 年 12 月 31 日，中长铁路中苏共管结束，全部移交给中国铁道部。中苏共管期间，铁道部先后从各铁路局选派上万名干部、技术人员、职工到中长铁路参观、学习。同时，铁道部派出考察团，总结了中长铁路 12 项具体经验及相关文件资料，汇编成册，推广学习。1953 年 2 月，铁道部在全国铁路工作会议上确定，切实贯彻和推广中长铁路经验为今后三五年内的工作方针。于是，在全路范围，形成了一个学习中长铁路经验、改革企业的热潮，极大地提高了我国铁路经营管理水平和运输组织水平，降低了运输成本，提高了劳动生产率。1957 年，铁道部停止学习苏联和中长铁路经验，开始结合中国实际，摸索中国自己建设管理铁路的经验。

制；实行按劳分配，制定劳动定额，普遍实行定时和计件工资。

经过认真调研，陈平在工厂组织开展了爱国主义劳动竞赛活动。1953 年 3 月 21 日，以长辛店机车车辆修理工厂厂长陈平、党委书记陈度、工会主席高晓亭、团委书记王会生的名义，联合公布了《一九五三年车间优胜循环红旗奖励办法（草案）》。《办法》首先说明开展竞赛的目的，是"在展开爱国主义劳动竞赛的基础上，保证部定各种指标（质量、数量、工时、材料、成本）的完成与提前完成，推广先进经验，更好地学习苏联贯彻经济核算的思想，对于很多完成指标的车间，给予物质奖励，进一步巩固职工的劳动热情，而竞赛必须是持久的广泛性群众运动，因此必须不断地通过竞赛树立职工自觉的主人翁态度"。陈平带头，组织厂领导班子经常深入现场检查工作，迅速掀起了竞赛热潮。在开展竞赛活动中，不仅追求数量和质量，陈平更严格要求节约材料，压缩成本。为此，陈平批评和纠正了三种不正确的思想：一是完成任务不算账的供给制思想，二是防止"宽大窄用"的思想，三是对提高质量与降低成本缺乏统一的认识。对错误认识的批评和纠正，及时保证了竞赛活动的正确方向。陈平还加强降低成本氛围的宣传，如制定"咱们是工厂的主人。要用精打细算，节约利用的方法为压缩材料资金九十亿而努力！""保证质量，降低成本，为给祖国大量积累财富而奋斗！""围绕各车间生产关键问题，找窍门、提合理化建议，为达到指标与降低成本而奋斗！"等口号，在厂报持续刊登，在厂区广泛张贴宣传。树立典型，表扬先进，每月评比模范车间、班组，由厂长陈平在不同场合公开点名表扬，具体到人、具体到事、具体到数字，表扬得细致入微，让大家口服心服，极大激发了全厂职工的积极性、主动性。如机车解体小组推进先进的拆车方法，由 30 人 3 天拆 1 台车，缩短到 14 人 1 天拆 1 台。翻砂车间刘广禄炼钢小组，学习了高温、沸腾的先进方法，缩短了熔炼时间，1952 年每天炼五六炉，1953 年年底就达到 10 炉，并提前 56 天完成了国家计划。陈平严谨细致的工作作风得到了全厂职工的真心拥护。

提高工厂管理水平，完善规章制度，也是陈平重点推进的工作。应铁道部邀请，苏联专家亚罗申科担任了长辛店机车车辆修理工厂厂务顾问，协助工厂贯彻以建立健全规章制度、推行作业计划、整顿生产秩序为中心的"301 号部令"。苏联专家深入车间调研，针对生产管理中存在的问题提出了 109 项建议。陈平认真对待，强调要"坚决贯彻专家建议，认真执行 301 号部令""执行专家建议的深和透，关键在于各级干部与全体职工思想上认识一致和群众性的检查监督。各科室、车间干部必须组织全体职工进行认真的学习，领会专家建议的精神实质，提出具体的实施办法"。他还注重工作的链条式推进，在工厂成立了推行作业计划办公室，以便及时检查与监督 301 号部令和专家建议的实现；调动发挥党组织、工会、团委的作用，发出号

一九五四年六月五日　　红旗报　　（星期六）　第一版

红旗

週刊

第四十五期

本期四版

长辛店机车车辆修理
工厂红旗报编委会编

坚决贯彻专家建议 认真执行三〇一号部令

廠長　陳平

坚决贯彻执行专家建议，是改善我们工厂生产而刻不容缓执行专家建议，才能提高我们管理此会主义经营企业的业务水平的、细微的甜蜜执行专家建议，只有不断新的。

执行专家建议的深刻意义，关键在於全厂各级干部与全体职工思想上认识一致和细微的过程中的专家与监督，车间管理室、车间检查专家建议，必须取得领导的支持，大力加以掌…

科室工作要赶上去

技術訓練得提高……

执行贯彻专家建议 应成为我厂全党的自觉行动

工厂党委会指示

毛主席曾一再号召我们要向苏联先进经验……

长辛店机车车辆修理工厂所办的厂报《红旗》刊登陈平的一篇文章《坚决贯彻专家建议　认真执行三〇一号部令》

召，"各级党、工、团的组织应责成所属组织和成员制定贯彻苏联专家建议的具体保证计划，必须经常进行抽查或汇报。做得好的给予表扬鼓励，做得不好的给予批评帮助，消极抵抗的给予纪律处分。总之，我们要把每个成员执行苏联专家建议的好坏作为考验其党性强弱和阶级觉悟高低的主要方法之一"。同时，结合机车车辆修理行业的特点，贯彻专家建议，着重抓了分解检查、细录预算和备品与产品管理工作，逐步建立起指挥生产的一套计划体系及在生产过程中起核心作用的技术组织和措施，实行月计划、旬计划、日计划和动态表，推动生产均衡进行；在铸造、锻造车间实行了定额管理和计件工资制度，改变了等级多、差额小的平均主义分配方式，生产效率得到大幅提高。1955 年 3 月，铁道部机车车辆修理工厂管理局召开了全国厂务工作会议，着重讨论了提高修车质量和克服浪费等问题，铁道部部长滕代远到会讲话。铁道部将长辛店机车车辆修理工厂贯彻落实苏联专家建议的具体做法汇编成册，印发铁路工厂以学习借鉴。三年多来，长辛店机车厂通过大力开展劳动竞赛，推动增产节约运动，提高工厂管理水平，完善规章制度，加强生产和财务计划管理，保障了经济指标的完成。

伴随着我国第一个五年计划的实施，长辛店机车车辆厂初步建立起一套以生产计划管理为中心的经营管理制度，初步摆脱了长期以来形成的传统经营管理方式，使广大职工高昂的社会主义热情与科学管理相结合，生产效率大大提高，为工厂进一步发展奠定了基础。1953—1956 年，长辛店机车车辆修理工厂连续获得全国铁路工厂优胜循环红旗。

北京二七机车工厂老厂区，现改为二七厂 1897 科创城，入选第一批中国工业遗产保护名录，成为北京市老旧厂房拓展文化空间的试点项目。新中国成立后，"长辛店铁路机厂"改名为"长辛店机车车辆修理工厂"，1966 年改名为"北京二七机车车辆工厂"

1956 年陈平（前排左一）出国前与家人合影。后排左为女儿陈瑞桐，右为长子陈建国，前排中是次子陈卫国，最右是妻子刘承坤

第九章 留学苏联

新中国成立后，实行"一边倒"的外交政策，与苏联相继签订了《中苏友好同盟互助条约》、苏联帮助中国建设与改造五十个企业的协定、关于苏联政府援助中国政府发展国民经济的协定等文件。于是，接受苏联援助、向"老大哥"学习和派遣留学人员迅速开展起来①。铁路系统向苏联学习开始时间较早。1949年，军委铁道部提出：社会主义的人民铁路应向苏联学习。同年8月，苏联第一批专家42人来到军委铁道部，分成4个专家组，帮助抢修铁路、恢复营业、修理机车、加强管理。1950年9月，中国铁路第一批留学生24人被派往

---

① 向苏联派遣留学人员，大体分三种类型：第一，大学生和研究生。按苏联高等教育规定之课目经过入学考试后进入苏联高等学校学习。凡由苏联高等学校毕业之人员，均发给按苏联规定形式之毕业文凭，并载明其所获得之专门知识及熟练程度。这是中国向苏联派遣留学生的主体。第二，军事留学生。除了极少数为来自国内正规军事学校的学生，军事留学生中的大部分是在实战摸爬滚打出来的"土八路"，还有一些是刚刚从朝鲜战争的硝烟中走出来的战斗英雄。据不完全统计，从1951年到1960年，我国向苏联派遣军事留学生近千人。第三，实习生，即短期留学人员，期限一般不超过一年。主要是中国国有大型企业为学习苏联大型企业的管理、技术等先进经验，而派出的经营管理、专业技术人员。

苏联学习，以后继续分批选派留学生和实习生去苏联学习。随着"一五"计划的实施，发展中国自己的机车制造工业，成为"一五"计划时期的任务之一。为筹建机车制造工厂和培养经营管理人才的需要，1957 年 1 月，铁道部机车车辆工厂管理总局派遣陈平等赴苏联学习，其中陈平被安排到基辅布尔达瓦机车工厂学习。

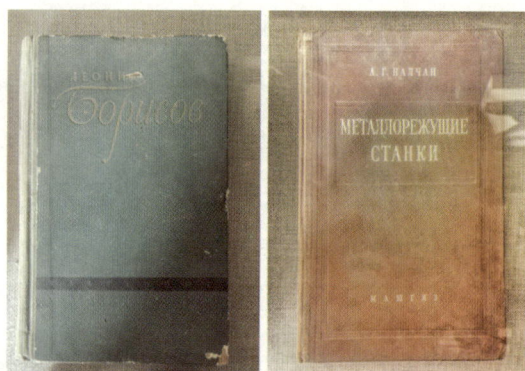

陈平在苏联留学时所用俄文书籍

对于 20 世纪五六十年代赴苏联学习的留学生来说，很多人过的就是炼狱般的生活。因为怀揣着建设新中国的使命而来，强烈的紧迫感、责任感使每位同学都废寝忘食，夜以继日，如饥似渴地学习。然而，不像大多数的大学生、研究生一样，去苏联学习之前一般在国家举办的留苏预备部或北京俄文

1957 年陈平参观莫斯科工业展览馆

专修学校进行一年的封闭式俄文学习，陈平仅经过短暂的培训后就被派遣到苏联，语言的障碍增加了学习交流的困难。中国铁道部为陈平在布尔达瓦机车工厂配备了一名翻译苏春林，以方便语言联系沟通，苏联厂方对实习生的学习给予了高度重视。尽管生产任务繁重，布尔达瓦机车工厂还是安排了主要管理人员和业务骨干担当导师，对工厂的操作流程、管理要求、技术参数等，详细讲解给陈平听。但是，对于 35 岁的陈平来说，向苏联学习，建设中国自己的机车工业，这种使命感、责任感所带来的紧迫压力非常明显。可以说，当时，苏联机车工厂的景象也令作为实习生的陈平感到震撼。在现代化的厂房里，一排排巨大的机床发出轰鸣，作业流程清晰分明，社会主义国家的先进性所带来的工业化场面在这里得到了显现。目睹现代化大工业生产的壮观景象，想象不久的将来，在新中国可以建设成类似的现代化机车工厂，陈平心潮澎湃。

在学习和生活中，虽然 1957 年中苏友好的环境比以前有所紧张，但来自中国的劳动者处处都感受到苏联人民兄弟般的浓浓情谊，给留学实习生们创造了一个舒适的生活环境，与苏联同事的关系也非常融洽，从厂长、车间主任到一线工人，从计划制定、产品设计、工艺制造、质量管理，几乎所有的环节都得到了苏联同行的指导。在一年时间内学习到苏联机车工厂的全部知识，难度也可想而知。陈平除夜以继日地学习外，平时很少外出。繁重而枯燥的实习生活，刻苦的学习劲头，让他常常熬夜甚至通宵达旦，使从不抽烟的陈平学会了抽烟。

陈平的大儿子陈建国回忆其父亲在苏联留学时说："在我的印象中父亲是烟酒不沾的，可是从苏联回来之后有了烟瘾，经常不断地抽烟，妈妈多次劝他要戒烟。他说在苏联学习太紧张，常常熬夜，实在困了就抽烟提精神，时间长了就有瘾了。父亲这个习惯至死都没有改掉。"

艰苦努力获得了丰硕的回报。陈平对苏联机车工厂先进的经营管理、维修制造技术等有了详细的掌握，为他归国后担当重任打下了基础。通过学习，陈平对铁路建设的前景和未来有了更进一步的认识。据一同赴苏联留学的陈平表弟李树贻[1]说："陈平曾几次劝说我学成回国以后能到铁路系统工作，说铁路是先行官，是大动脉。如果铁路发展能够把电子技术、计算机技术结合起来，对铁路建设会带来飞跃的发展。陈平当时就能够想到电子和计算机在铁路上的应用，是很有眼光的！"

在陈平留学的 11 月份，发生了一件让万千留苏学生终生铭记的喜事，也是一件永远载入新中国教育事业和青少年事业发展史册的大事。那就是 11 月 17 日，在苏联访问的毛泽东主席接见了中国留学生代表。陈平作为基辅选出的留学生代表见证了整个盛况。

1957 年 11 月 2 日，毛泽东率中国代表团去苏联参加十月革命 40 周年的庆祝活动。自从毛主席踏上苏联的国土，中国留学生就像过节一样，每天关注代表团的活动。17 日早上 8 点，提前接到中国驻苏联大使馆通知的留学生便早早赶到了位于列宁山上的莫斯科大学大礼堂。上午，大家先听了中共中央政治局委员、中宣部部长陆定一做的形势报告。下午 6 时，在大家的殷切期盼中，毛泽东来到了莫斯科大学礼堂，接见了留苏学生代表。陈平作为基辅选出的学生代表，受到了毛主席的接见，聆听了毛主席的讲话："世界是你们的，也是我们的，

---

① 李树贻于 1956 年至 1962 年在苏联学习，回国后在中科院计算机所从事研究工作。20 世纪 80 年代作为访问学者在美国一年，回国后曾任中科院计算所党委书记，同时兼任联想集团常务董事。

1957 年，陈平（右四）在苏联留学时与同事合影

1957 年，陈平在基铺

1964 年，陈平在英国伦敦考察

但是归根结底是你们的。""你们青年人朝气蓬勃，正在兴旺时期，好像早晨八九点钟的太阳。希望寄托在你们身上。""世界的风向变了。去年气候不大好，今年气候很好。现在世界正在大变，不是西风压倒东风，就是东风压倒西风。……我们说西风压不倒东风，东风一定压倒西风！"毛泽东一行人离开了莫斯科大学。可是留学生们仍然长久聚集大礼堂里，大家齐声唱起了"东方红，太阳升，中国出了了毛泽东……"这时候，许多人才发现自己的手掌早已拍得发痛……

　　12 月，在苏联学习机车工业的陈平从苏联回国。1958 年1 月，陈平被临时分配在铁道部机车车辆修理工厂管理局，负

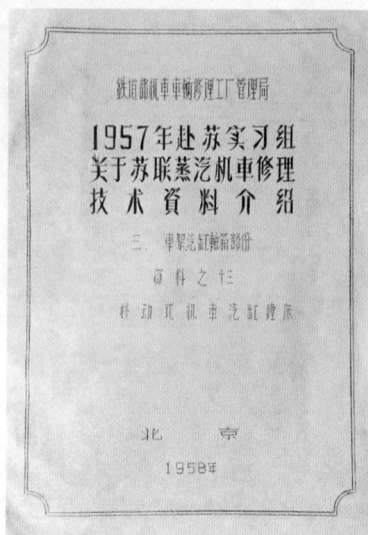

铁道部机车车辆修理工厂管理局

1957年赴苏实习组
关于苏联蒸汽机车修理
技术资料介绍

三、车架汽缸输运部件

资料之十三

移动式汽车汽缸镗床

北京
1958年

陈平留学归国后在铁道部机车车辆修理工厂管理局整理的学习资料

责整理在苏联学习的相关资料。这次整理资料，陈平把它作为是一次对中国机车车辆机械工业认真梳理总结的过程，是一次对苏联学习知识的消化吸收的过程，是一次摸索机车工业中国化道路的过程，也是陈平自己对机车工业前景提出对策建议而展现拳拳报国之心的过程。

第十章　创建长春机车厂

1958年7月，根据工作需要，陈平被派到长春机车厂担任厂长。7月1日，陈平的组织关系转往长春机车修理厂；14日，铁道部机车车辆修理工厂管理局以厂人〔58〕1391号文件通知，赴苏联学习回国的陈平等19人分配到长春新厂筹建处；19日，铁道部正式成立长春机车工厂；23日，铁道部机车车辆修理工厂管理局以厂人〔58〕1423号文件，任命陈平为长春机车工厂厂长。

长春机车工厂是"一五"时期国家计划建设的工业项目之一。1953年铁道部提出在全国新建5个铁路工厂，包括东北地区新建1个蒸汽机车修理工厂。1954年4月，成立"东北新厂筹建处"。1955年2月批准长春新厂筹建计划，10月，经国家建委批准工厂正式兴建。经过3年勤俭创业，初具雏形的工厂被命名为"铁道部长春机车工厂"。1958年8月1日，长春机车工厂在联合车间召开全厂职工大会，正式宣布长春机车工厂成立。1958年11月12日，中共长春市委批准长春机

陈平（右起第三）与同事在长春

车工厂成立党委会，陈平任书记，郝春良任副书记。

长春机车厂成立后，当时综合生产能力尚未形成。"1957年底，工厂人数无几，工具缺乏，工作无基础，仅有的安装工人，不少由于工作、生活条件的改变而存在着不少的思想情绪。"1958 年 8 月，陈平到任后，全国已开始进入生产"大跃进"阶段，和大形势一样，工厂的建设进程非常紧迫地需要加快。在这种情况下，陈平经过调研分析，集中班子意志，制定了"以基建为主，边基建、边生产、边准备"的建厂方针。经过三个多月奋战，到 11 月 12 日工厂党委成立的时候，绝大部分厂房已竣工，到厂机电设备安装已达 52%，全厂工人已有 680 人。陈平带领党委和行政班子人员，紧密团结全厂广大职工，克服了生产斗争中重重困难，开展了轰轰烈烈的建设和生产活动。

1959 年 2 月，长春机车厂接受了国家的第一批生产任务——"友好"型机车①改造。当时，基建工程尚未完成，

1961 年，陈平任长春机车车辆厂厂长兼党委书记时，该厂自行设计制造的蒸汽机车

---

① "友好"型机车是一台苏联机车。苏联火车轮距比中国距宽，当时的任务就是缩小苏联火车机车的轮距。

设备不足，材料奇缺，技术力量薄弱，进行机车改轨任务有相当的困难。为此，陈平要求所有班子成员、技术人员全部下到一线组织生产，掌握群众情况，总结、鼓励和支持创新技术做法。如机车车间老工人于福登、周广祺提出制拉板压缩和制动吊杆旧头利用的创意，有利于提高效率，节约材料，提升质量。陈平立即肯定这种做法，召开车间主任和支部书记会议，表扬先进，号召学习。短短4天时间，职工们就提出了四千多条技术革新和改进工作的建议，党委认真分析归纳出一百多项关键性问题，深入现场和工人一起解决。建立了党委、行政班子每天两小时的巡厂制度、碰头会和联系重点车间的分工制度，组织了车间比武会、擂台赛，全厂上下齐心协力，进行机车改轨。当时，电焊是全厂最大的关键，车轮焊不出来，机车车间就不能完成组装，势必延迟出厂时间。陈平组织电焊工和技术人员反复钻研，加强了电焊电流，改进操作方法，终于解决难题。原计划车轮电焊需要4天，改进后只用了一天半。通过这些有力措施，老工人和技术人员的智慧得到了充分的发挥，仅几天就突破了班子所归纳的100余项关键性问题。2月16日，第一台"友好"型1162号蒸汽机车入厂改轨，26日落成，效验出厂。3月2日，铁道部机车车辆修理工厂管理局发来贺电。仅用10天，第一台改轨机车合格出厂，打响了由基建过渡到投产的第一炮，陈平带领创建不久的工厂创造了新中国机车工业发展史上的奇迹！

吉林省第一台和平型机车于长春机车工厂诞生纪念

在第一台改轨机车成功后，全厂情绪极为高涨，纷纷要求四月份再来个更大的跃进。党委集中提出了力争试制成功一台和平型"1-5-1"式机车，向"五一"国际劳动节献礼的口号。陈平带领党委分析了存在的困难，也充分估计了广大职工的劳动热情，要带领职工完成这个任务是有很大可能的，决定成立"1-5-1"办公室，厂长兼党委书记陈平亲自领导，在厂部、车间成立"1-5-1"作战指挥部，由机械车间主任、机车车间主任任指挥部正副主任，各主要工段领工员参加，坚持在第一台机车改轨中形成的巡厂制度、碰头会、调度会等制度。

陈平每天晚上召集一个重点车间或工段的领导干部、工程技术员和老工人一起研究存在的困难和办法，将技术等级较高的28名工人集中在主要的机床上工作，重点用兵，合力攻坚。全厂职工日夜奋斗，经过30天的苦战，一台新的和平型蒸汽机车于4月30日在长春机车厂落成，给"五一"国际劳动节送上了珍贵的献礼。这是吉林省首次生产蒸汽机车，工厂举行了隆重剪彩典礼，省市有关领导出席。

面对刚刚成立不久的长春机车工厂取得的"开门红"的好成绩，作为主要负责人的陈平把眼光放在了工厂的规范化、全面化、持续化发展上来。

以作业计划为中心全面加强企业管理。采取吸取老厂又结合新厂特点，建立了以作业计划为中心的生产动态分析、生产会议、成本核算、产品验收等七个方面110项规章制度，促进工厂生产的规范化运营。狠抓规章制度的落实，在职工内部反复进行了计划纪律教育，提高完成国家任务的政治责任心，相应地建立了由职能机构负责人和工人代表参加的编制、推行和组织实施作业计划的一整套管理制度，创造和坚持了"四交四订""两上一下"的计划层层落实办法，建立了各级旬日计划，构成以日保旬、旬保月、月保季和个人保小组、小组保车间、车间保全厂上下贯通的计划体系，使1960年机车改轨任务月月超额，提前完成了1960年检修和新造机车任务。

开展技术革新运动。由建厂之初为完成"友好"型机车改造任务的一项措施，发展为工厂提高生产能力、解决关键问题的一场运动；由少数人做试验，发展到成千人一起动手；由改进工具和操作方法发展到提高工厂生产水平的高度来推进和实施。陈平任职期间，职工们提出的革新建议共13000余件，实现7486件，推动了生产，振奋了人心，对工厂的各方面都产生了深远的影响。"友好"型机车三机两泵、安全阀和双室风缸、轮对探伤等重大质量关键问题纷纷获得解决，木材加工、厂内运输、钳工研磨等部门的机械化程度和生产效率有了显著提高。广大职工从技术革新运动中看到了自己的智慧和力量，受到了激励鼓励，勇于进取、敢于创新的精神大为发扬。陈平在推进技术革新运动中，坚持从实际出发，不追求好高骛远，防止与生产脱节，对每项革新成果的评价主要看实际效果，而不在于新奇。他实事求是的作风在当时"大跃进"的形势下，尤为可贵。

切实解决职工生活困难，做好后勤保障。认真贯彻"一手抓生产，一手抓生活"，结合新厂特点，发展职工的生活福利，不断改善生活条件。陈平到任后，修建40400多平方米的家属楼、单身宿舍，给近80%以上的工人解决了住房问题，90%的老工人住上了工厂的住宅；职工食堂从无到有，从面积小、就餐拥挤的困难条件逐步地扩大到比较舒适的食堂；在"三年困难时期"，建立和发展了农副业基地，并利用厂内外空闲余地，发动职工种植蔬菜和粮食，使职工生活上得到了一定的补助。建设了职工托儿所，容纳 220 名幼儿，满足了入托需要。新建了面积 690 平方米的职工浴池，建立了职工医院和容纳 1000 多名学生的子弟学校，修建了职工俱乐部，配有游艺室、图书馆、电影院、舞台，每周放映电影，定期举办乒乓球赛，活跃了职工的文化生活。陈平对职工后勤保障的事情，无论大小，都放在心上，紧抓不放，使职工享受到了家庭般的温暖，为全力以赴投入工作解除了后顾之忧。

陈平作为长春机车工厂的党委书记兼厂长，注重坚持集体领导与分工负责相结合的制度，既发挥党委会的核心领导作用，支持工厂党的组织建设，又因地制宜贯彻党的方针政策，使党的领导在工厂得到了全面落实。在工作中，陈平带头做思想政治工作，注重充分调动班子成员和职工的主观能动性。工厂刚成立时，74.5% 的职工是新入厂的学徒工和技校毕业生。全厂平均技术等级不到一级，有些工种仅有 1~2 名老师傅。新工人对生产知识不熟悉，插不上手；老职工来自四面八方，有些人对新厂的困难和前景缺乏应有的认识，情绪一时不太稳定。陈平就着手加强对职工的思想政治教育，通过党、工会、共青团等组织，采取学习毛主席著作，讲政治课、团课，请老干部作报告，回忆对比、算细账和参观访问，开展"树标兵展红旗""红色管家人"等活动，有组织有计划地进行了以继承工人阶级优秀品质和革命的优良传统、树立共产主义的劳动态度和道德品质为主要内容的思想政治教育，切实提高了职工们的觉悟。老工人认清了形势，稳定了情绪，积极帮带新工人；新工人明确了方向，端正了态度，克服自身缺点，奋起追赶先进。对职工思想教育的同时，加强技术培训，广泛开展了"阵地教学""火线练兵""讲、看、干"三结合等活动，全厂职工克服了师傅少徒弟多、设备缺任务重等困难，树立了不会就学、不懂就问，团结互助、互相学习的新风尚。1958 年10 月成立了"新工人技术学校"，开办车工、钳工、电气焊、锻工、铸工、电工等专业，学制两年，共计培训新工人 406人。1960 年 4 月，又开办了职工大专班（又称红专大学），61名老师均从表现优秀的工人技术骨干中选拔出来，当年培训职工 1911 人次。截止到 1961 年 11 月，全厂已有 669 名新工人升为一级工，357 名新工人升为二级工，31 名升为三级工，并且一部分新工人在单项技术操作上已达到了三至五级的技术水平，全厂涌现了以郭见求为代表的各条战线"红色管家人"98 名，为生产能力的提升奠定了人才基础。

1959 年 2 月 16 日正式接受国家第一批生产任务——"友好"型机车改造，26 日试制成功，3 月份完成好"友好"型机车改造 13 台，10 月份即上升到月产 57 台的水平，提前 58天完成了"友好"型机车改造的全年任务。1960 年接受了技术条件较复杂的机车检修任务，1 月份完成 10 台，9 月上升到

20 台的水平。工业总产值，1959 年为 812 万元，1960 年为 1411.5 万元，较 1959 年增长 37.9%；全员劳动生产率由 1959 年的 2425 元提高到 1960 年的 4444 元；生产成本 1959 年较国家计划降低 25.3%，1960 年较国家计划降低 17.3%。这一时期，工厂还组织试制星火型（即 XH 型）小型蒸汽机车和 95 马力摩托车等产品。陈平为长春机车工厂的创建、生产做出了突出贡献，他的能力、威望和品格也得到了组织和同事们的充分肯定和高度赞扬。

第十一章　任职戚墅堰机车厂

　　1961 年 4 月 1 日，铁道部调陈平任江苏省戚墅堰机车车辆工厂工作。5 月 20 日，陈平任戚墅堰机车车辆工厂厂长。戚墅堰机车车辆工厂历史悠久，其前身是成立于 1905 年的吴淞机厂，是为了给正在建设中的沪宁铁路配套一个机车车辆维修基地而建立的，厂址在上海黄浦江畔。1936 年 10 月，为了抗战需要迁到江苏常州戚墅堰，改名为戚墅堰机厂。新中国成立后，工厂回到人民手中，组建了新的领导机构。1953 年改名为戚墅堰机车车辆修理工厂；1958 年跨越沪宁铁路，新建北厂区，9 月改名为戚墅堰机车车辆工厂。当时，在"大跃进"形势的冲击下，工厂在生产和建设急剧发展的同时，企业管理出现某些混乱现象，管理水平下滑，不少技术指标下降。1961 年 1 月，中共中央正式通过了"调整、巩固、充实、提高"八字方针，开始了对国民经济的治理整顿。铁道部认真贯彻八字方针，提出铁路的"高、大、半"性质①，铁道部收回下放的权力，进一步加强了对全路企业的集中统一管理。机车车辆工业着手于建章立制、整顿企业管理，制定了"先修后造、以修为主、确保配件、质量第一"的原则，后又把"先修后造"变成"停造转修"，所有机车车辆制造和修理厂一律暂停造车，全部进行修理。

陈平到任后，认真贯彻"调整、巩固、充实、提高"八字方针和全路领导干部会议精神，对戚墅堰机车车辆工厂进行了规范整顿。1961 年 9 月，铁道部根据中央《国营工业企业工作条例（草案）》（即《工业七十条》）及铁路的具体情况，在总结经验教训的基础上，制定了《铁路工作条例》（即《铁路七十条》），开始了铁路企业的整顿工作，以提高铁路企业的管理水平。在工厂党委的统一领导下，陈平等提出了"先修后造，先配件后主机"的方针，蒸汽机、货车由制造转为修理，路北新区建设暂停进度，对生产、基建进行了大幅度的调整，把中央和铁道部的指示有力地进行了贯彻落实。在生

---

① 1961 年 1 月 26 日，中共中央批转铁道部党组《关于在铁路系统建立政治工作部门和改进管理体制的报告》。中央批示："铁路是国民经济的大动脉，是高度集中的企业，带有半军事性质，必须把一切权力集中在铁道部。"中共中央指出的铁路特点，以后被通称为"高、大、半"。1 月 27—29 日，铁道部在北京召开全路领导干部会议，贯彻八字方针和中央对铁道部的批示精神，中共中央总书记、国务院副总理邓小平接见代表并讲话。按照邓小平指示，会议决定限期把机车、车辆、基建的验收制度，站段、班组的经济核算，设计、施工、技管、货运、客运、大中修、危险品运输、产品设计等规程恢复和健全，没有的制订，正确的恢复，重复的合并，不完善的补充，先粗后细，以解决存废不明、章乱难循的问题。

产、基建调整的同时，争取戚墅堰机车车辆工厂成为铁道部贯彻《工业七十条》和《铁路七十条》的工作试点单位，认真落实《机车车辆工厂生产技术管理工作细则》《经管管理工作细则》和降低成本的10条措施，积极而有序地开展了企业管理的整顿工作，克服了各种困难，提前超额完成了国家计划。1961年机车修理计划60台，实际完成66台，占计划的110%；货车修理计划1780台，实际完成1959台，占计划的110%；钢计划24806吨，实际完成25901吨，占计划的104%；钢轮计划8000个，实际完成8102个，占计划的101%。全年生产总值计划6350万元，实际完成6874万元，占计划的108%。1962年在国家连续遭受严重的自然灾害后，全国人民更加团结。戚墅堰机车车辆工厂继续贯彻试行《铁路七十条》，学习落实1962年铁道部制定的《铁路工厂接收、检修及交车组织工作须知》要求，清仓核资，精减职工，基本实现了企业内部的调整，生产和工作已经适合修理生产的需要，冷热加工和生产前后的比例关系基本协调，全面完成了全年计划，完成工业生产总值4559万元，完成计划的104.8%，产品质量有了提高，全部商品总成本比计划降低3.76%，可比产品成本比1961年降低6.95%，实现利润1058万元。

1963—1965年是国民经济调整时期，铁道部对修理厂与制造厂有了更为明确的分工，将制造按照车种和车型分工定点生产。这一时期，趁新造车需求不大的机会，组织了改革牵引动力的会战，开始小批量生产内燃机车和电力机车，并对这两种机车的修造做了定点安排。电力机车安排在田心工厂，内燃机车安排在大连、戚墅堰、资阳和四方工厂，修理点定在长辛店机车厂，配件生产安排在天津、南口两厂。戚墅堰工厂认真贯彻铁道部的计划，积极进行技术改造，以改革牵引动力会战为龙头，初步建立了内燃机车生产基地，新建了柴油机试验站和热处理工部；同时将部分热加工系统的厂房加以调整改造，作为柴油机和内燃机车的加工、组装场地，配备了一些加工和试验设备，形成了小批量制造内燃机车的能力，生产等各个方面都取得了很大成绩。

组织开展了企业管理革命化运动，目的就是认真贯彻中央"关于相互学习，克服骄傲自满、故步自封"的指示和部局"加速企业调整工作，使整个机车车辆工业生产处于高度整备状态，以适应国民经济新高潮的需要"的要求。陈平首先分析了企业管理中存在的"五多"现象：第一，层级重叠，分工过细，非生产人员多。全厂有非生产人员 2245 人，占职工总数 27.6%，差不多每 10 个职工中就有 3 个从事非生产工作。第二，制度烦琐，见物不见人。如锻冶车间一个车间就要执行109 个制度，制度总文字即长达 34 万多字。第三，手续繁杂，报表多。全厂原有凭证报表 1600 余种，约有 352 人整天为编制这些凭证报表服务，全年要花 10 万多人工。第四，会议多。据锻冶车间调查，每月内部召开的会议有 37 种 119 次，共占

1966 年夏，陈平（前排左四）与戚墅堰机车车辆工厂部分干部合影。这是陈平同志生前最后一张照片

用时间 2004.5 小时，相当于 10 个人一天到晚开会，靠开会吃饭。第五，文件多。如 1964 年上半年全厂行政印发文件就达到 1802 件，其中向外发文 1507 件、内部发文 295 件，文字共达 112.7 万余字。陈平认真分析了这些问题存在的原因，既有社会历史根源，又有思想认识问题，还有厂部领导方式方法的问题。陈平讲："我们现在的企业管理制度，基本是承袭了过去中长铁路苏联搞的一套，没有完全结合我们中国的实际情况，缺乏创造性。"针对这些问题，陈平提出了对策：第一，要进行机构体制的改革。试制机车联合车间，将现在的机车、

1964 年，陈平在南京
中山陵

锅炉、机械（一）、机车解体等四个车间合并成立机车联合车间，联合车间的职能部门设生产技术室和分解检查室，适当下放权力，它将有权处理日常生活中的进度、技术、劳动力、设备、装备、零星措施和奖励分配等问题。试制综合性的业务科，材料、配件、工具等供应服务部门实行全部上收到科室、服务到班组的办法，减少层次、减少资金，彻底解决科室面向生产的问题。第二，积极研究业务改革。研究成本核算、统计核算、细录核算、设计工艺等业务改革方案，逐步实施。第三，继续大力精简报表凭证。精简凭证报表时必须与管理制度联系起来考虑，把根子挖掉。第四，必须采取措施，减少会议。第五，继续精简文件。同时，陈平强调，要"坚持干部参加劳动的制度，发挥雷厉风行的作风，提倡说干就干，干就干好，认真负责，一竿到底。生产上的问题，基层反映的问题，群众反映的问题，一定要认真研究、及时处理；一时难以解决的问题，也要有个交代。反对拖拖拉拉、松松垮垮、似干非干、敷衍了事的坏作风"。为抓好落实，陈平首先推行企业管理革命化的试点，成立了机车联合车间、以产品为专业的生产技术综合科等，取得成功后在全厂推广，最后形成了上下工序统一，抓生产更加有力，内部矛盾易于解决的生产经营好局面。这是陈平开始认真反思苏联企业管理的弊端，结合自己多年的经历和实践，对中国机车工厂管理模式进行的反思。在当时他能够大胆对苏联模式提出质疑，探索中国特色的工业企业管理道路，是非常超前和敢于创新的。

此外，陈平组织了增产节约运动、对标活动，开展比、学、赶、帮竞赛，进行技术工艺革新。如为对标先进、学习先进，1964 年就三次组织到大连四方等厂学习新产品试制的经验，到田心、济南、唐山、长辛店等厂学习机车检修的经验，到齐齐哈尔、沈阳、石家庄、江岸等厂学习货车检修的经验，到上海机修总厂学习钢轮生产的经验，邀请上海电机厂全国劳模工人工程师朱恒、上海锅炉厂先进钻工马金生、上海新新锯木厂锯木工李新根等 7 人来厂表演传授先进经验，帮助提升技

1964 年，陈平（前排左二）带队赴英国考察机车工业

术水平，培养锻炼职工的技术能力。采取"见缝插针"和
"插针见缝"的做法，挤厂房、挤设备、挤劳动，通过平行作
业、成套互换、等级检修等途径实现配件集中生产、货车检修
流水生产，改变了原来"单个、小量、现修现配"的生产方
式，使工艺流程进一步规范、精减、高效，生产水平不断上
升。1964 年 5 月 8 日，铁道部工业总局在戚墅堰机车车辆工
厂召开了全国第三次大型对标会议，陈平作了题为《以政治
为统帅，以生产为中心，努力办好社会主义企业》的经验介
绍。会后，戚墅堰机车车辆工厂被评为全国铁路先进工厂。在

1963 年试制出第一台 6L207 柴油机的基础上，1964 年以八个月时间试制出了第一台东风 2 型内燃机车，1965 年 1 月在大连内燃机车研究所通过部级鉴定。这是我国自行研制出第一台内燃机车。戚墅堰机车车辆工厂被评为江苏省先进集体。

　　1964 年，为了加强战备建设，中央提出把全国划分为一、二、三线，进行大规模的三线建设的布局。根据中央安排，各地区各部门各条战线迅速展开了支援三线建设的部署和行动。铁道部决定戚墅堰机车车辆工厂援建四川内燃机车工厂。1964

陈平生前与家人最后一张合影，1965 年夏摄于戚墅堰。后排左为女儿陈瑞桐、中为长子陈建国、右为次子陈卫国，前排左为妻子刘承坤

年 10 月，310 余名戚墅堰机车车辆工厂职工赴西南支援铁路新线建设，厂长兼党委副书记陈平参加欢送仪式。12 月 9 日，铁道部下文批准戚墅堰机车车辆工厂厂长、党委副书记陈平兼任四川资阳内燃机车工厂筹建处主任，但由于种种原因没有到任。1965 年 3 月，戚墅堰厂首批干部调四川资阳内燃机车工厂，支援三线建设，此后，陆续抽调多批干部、工人支援该厂。在当时戚墅堰厂任务非常繁重的情况，仍坚持抽调精兵强将支援三线建设，表现出了陈平等厂领导班子坚定的政治觉悟和大局意识。

第十二章　英年早逝

1966 年 6 月，"文化大革命"爆发，戚墅堰机车车辆工厂全厂职工投入风暴之中。8 月 24 日，工厂成立"文化大革命"领导小组。11 月，"文化大革命"运动在工厂正式开展，机关、车间、学校纷纷成立群众组织。1967 年，在"一月革命"风暴中，一些群众组织由开始写大字报、大辩论发展到"全面夺权"工厂党政领导，工厂及其机关、车间、学校一度瘫痪。各群众组织由于观点不同，先后组成"戚厂工人革命造反总司令部"（简称"工总"）和"戚厂红五月革命串联会"（简称"红五月"），形成两大对立派组织，并在厂区范围内以沪宁铁路为界，分别作为两派组织的活动区域。3 月，戚墅堰机车车辆工厂实行军事管制，9 月军管小组撤离工厂。其间，工厂发生武斗事件多起，并逐步升级，造成工厂停工停产达八个多月。10 月 18 日，厂长陈平受迫害去世，时年 45 岁。1967 年，因武斗停产，当年机、货车修造产量锐减一半左右，工业总产值为上年的 60%，工厂出现亏损。

　　"文化大革命"结束后，陈平受到的不公正待遇得到了改正。中共常州市委以常委复（79）1号文件给陈平予以平反昭雪，并在戚墅堰机车车辆工厂召开了陈平同志追悼会。组织上对陈平的一生给予高度评价："陈平同志是我们党久经考验的老党员、老干部。他对党对人民对无产阶级革命事业一片忠心。在'文化大革命'中陈平同志被强加了种种的莫须有的罪名，遭受了长期的折磨，精神和肉体都受到了严重的摧残。但他对革命始终充满必胜的信心，表现了一个共产党员襟怀坦白，对党忠诚的崇高品格。""陈平同志在长期的革命战争中，在社会主义革命和社会主义建设中，热爱祖国、热爱社会主义、热爱人民，忠于无产阶级革命事业，努力学习、热情宣传马列主义、毛泽东思想，坚决执行毛主席的无产阶级革命路线，认真贯彻党的各项方针政策；他服从党的需要，积极工作，努力钻研业务，曾两次出国学习和考察，有丰富的企业管理经验；他注重调查研究，深入现场，联系群众，平易近人，勤勤恳恳地为人民服务、为中国人民的解放事业和伟大的共产主义事业无私地贡献了自己的一生。他的一生，是革命的一生，是光明磊落的一生，是鞠躬尽瘁、全心全意为人民服务的一生。"

　　改革开放以后，陈平的家乡发生了翻天覆地的变化，经济社会发展取得丰硕成绩，城乡面貌日新月异，群众生活幸福美满。但是，家乡人民没有忘记陈平做出的历史贡献，没有忘记

这位家乡走出去的革命前辈，没有忘记冀鲁豫边区进驻单拐的
这位引路人，而是继承陈平等老一辈革命家的光荣传统，发扬
埋头苦干的优良作风，坚持把红色基因代代传，保持老区人民
的初心和使命，正与全国一道，在实现中华民族伟大复兴中国
梦的征途上阔步前进。

2008 年春节，陈平家人合影。前排左起：长媳谈小敏、孙媳胡
倩、陈平爱人刘承坤、二儿媳李玉格；后排左起：长孙陈曦、长子陈
建国、次子陈卫国

陈平同志大事年表

1922 年

3 月 18 日（农历 2 月 20 日）陈平在广州出生。父亲为其起名陈希均，寓意受辛亥革命和孙中山三民主义的影响，希望能够实现"均贫富"的理想。

其父亲陈笃之，河北省清丰县单拐村（现河南省清丰县双庙乡单拐村）人，爱国民主人士。其母亲翟润芝，为陈笃之家乡的邻村人。其大姐陈友莲于 1916 年出生，二姐陈友菊（肖琳）于 1918 年出生。

1926 年

陈平患急性脑膜炎，治愈后，重新学说话、走路。

1928 年

陈平上小学。其父陈笃之在北平卫生局做化验工作，家境生活紧张。

1931 年

陈笃之失业，一家人迁居到北京西山郊区。陈平就近就读于北京香山慈幼院，入高小一年级学习，继续上学。

1933 年

3 月，长城古北口、喜峰口抗战先后爆发。陈平在香山慈幼院参加高年级学生组织的宣传抗日活动，学唱"抗歌"。这时，东北沦陷与家庭没落、国家危难与生活拮据，对陈平的心灵产生冲击，使其认为"必须读好书才有个人前途"。

1935 年

陈平高小毕业，考入了北平市立四中，学费生活靠其姑母接济。此时，华北局势危急，何梅协定、冀东事变、张家口抗日联军等事件接连发生。陈平在北平市立师范学习的两个姐姐参加了革命抗日宣传活动。在家庭影响下，陈平经常去北师看《新生活》《星期周刊》等进步刊物、书籍。

年底，"一二·九"运动发生，陈平积极参加了相关活动。"一二·九"运动的领袖人物之一黄敬由于出色的组织能力和影响，在 13 岁的陈平脑海中留下了很深的印记。

1936 年

2 月，共产党领导的先进青年抗日救国组织——中华民族解放先锋队（简称"民先"）在北京成立，经李聘周介绍，陈平加入"民先"并担任一小队长，经常参加慰问军队、募集衣物等活动，投入抗日救亡洪流之中。其间，学校训育主任唆使一群蓝衣社分子对陈平等"民先"队员进行殴打，学校出面调停后，陈平等离校，开始流浪生活。

离校期间，陈平看到了美国记者埃德加·斯诺拍摄的延安照片和撰写的报道，向"民先"总队提出报名赴西安西北军的学生营，也做好了赴延安的准备，但未成行。

1937 年

年初，陈平转入保定育德中学就学，参加了社会科学研究小组、同学会等，与保定二师读书的中共地下党员、清丰县同乡安法乾开始认识。

暑假，陈平回到北京，这时"七七事变"爆发。陈平与同学肖莲等约定南下济南，结伴赴延安。陈平赶到济南时，肖莲已先行去延安。陈平只得回到家乡——清丰县单拐村，这是他第一次走进农村。此时，陈平遇到在保定就学时结识的安法乾。

9 月，陈平参加了抗日训练班，负责编印小报、组织发动青年学生和知识分子的工作。

10 月，河北民军第一路第四支队（简称"四支队"）成立后，陈平积极参加"四支队"，成为学生兵。

1938 年

3 月 8 日、9 日，陈平参加的四支队在濮县小濮州常庄开展两次正面与日军正规军的小规模战斗，击退了敌人进攻，取得了胜利。

5 月，中共直南特委指示，在清丰县六塔集成立冀鲁豫抗日救国总会，会议推选安法乾为总会负责人，讨论了救国会章程，发表了宣言。同月，陈平由安法乾介绍加入中国共产党，按照规定没有候补期。由组织安排，陈平担任冀鲁豫抗日救国总会清丰县六塔区委主任。

8 月，冀鲁豫抗日救国总会迁入濮阳县城，充实了领导力量，健全了办事机构，安法乾任中共直南特委民运部长兼总会党团书记，陈平的二姐陈友菊任妇女部部长。同月，陈平调任中共直南特委组织干事。

是年，为表明革命决心，陈希均改名陈平，寓意希望赶走日本侵略者天下太平。

1939 年

1 月，中共直南特委根据已在长垣县指导工作的东明县原民训科科长、中共党员杨锐建议，决定建立中共长垣县工作委员会，派陈平负责筹备工作。

2 月，中共长垣县工作委员会成立，陈平任书记，崔桐轩任组织部、宣传部部长，县工委对外称抗日工作队，驻在竹林村。同月，直南特委分设为直南地委、豫北地委，长垣县归豫北地委领导。豫北地委根据实际情况，决定撤销原中共长垣县工委，改设中共长垣县委员会。同月，陈平、杨锐等为发展抗日力量，做通国民党长垣县政府县长毛迪亚（毛守岱）的工作，举办了两期抗日军政干部训练班，由县政府拨出粮款。陈平亲自负责训练班的领导工作。两期学员 400 余人，共发展党员 130 多人，为这一地区革命奠定了组织和干部基础。

3 月，中共长垣县委成立。原中共直南特委委员兼组织部副部长李广录调任长垣县委书记，陈平任县委副书记兼组织部长，崔桐轩任宣传部长，王福之任民运部长，县委驻地在竹林村。同月，长垣县委为加强国共两党合作，共同建立长垣县抗日救国会，成为共产党领导的群众组织。

5 月，日军又占领长垣县城，随后建立起"维持会"。

6 月，由于汉奸告密，驻长垣县的日军包围县委所在地竹林村，火烧抗日工作队办公处（县委机关）。陈平带领县委机关及时转移，党组织没有遭到大的破坏。从此，日伪势力疯狂猖獗，长垣县形势恶化。

7 月，县委书记李广录调冀南区党委组织部科长，陈平接任县委书记，李省三任组织部长，王福之任宣传部长，许荫森任民运部长。

是年秋，中共豫北地委宣传部长赵紫阳到长垣巡视工作，召开党员会议，要求贯彻党的抗日斗争方针和对敌斗争策略，增强斗争信心。不久，长垣县抗日救国会武装部成立，成为党领导的一支重要力量。

是年秋，陈平主持创办了长垣县委机关刊物《曙光报》，主要转载前线消息和全县救国会活动情况，宣传开展抗战政策。同时，县委以抗日工作队名义，发行爱国券近万元，支持救国会和发展抗日武装。

是年秋，县委发动群众建立地方政权。河东区抗日民主政府成立，民主人士马千里任区长，使党组织控制了部分政权。

1940 年

4月，长垣县委呈报中共豫北地委批准，决定建立长垣县抗日民主政府。12 日（农历三月初五），县委组织河东区群众数千人在徐集村召开大会，宣布长垣县抗日民主政府成立。大会由县委民运部部长兼县救国会主任许荫森主持，陈平参加并讲话，刘子良当选为县长。17 日，冀南六县行政督察专员公署成立，长垣县抗日民主政府归其领导。在县委领导下，抗日民主政府开展减租减息运动、发展地方抗日武装等工作。但是，四个月后，抗日民主政府被猖獗的日伪势力联合扼杀。

5月，陈平调任冀鲁豫区委宣传部教育科副科长，后接任科长。

1941 年

陈平调任冀鲁豫区委党校任总支书记。

1943 年

9月，陈平的弟弟陈希忠（陈金斗），任冀鲁豫区党委宣传部部长张玺同志的秘书，在大扫荡时随军前进，身患伤寒，不幸病逝。时年 20 岁。后被追认为烈士。

10月，黄敬由冀中区党委书记调任冀鲁豫区党委书记。黄敬到任后，进行调查研究，主持召开边区高干会议，作了题为《边区的形势与任务》的报告。随后，区党委先后抽调 500 余名干部组成的政民工作队在濮县、范县开展民主民生运动试点工作。陈平担任濮县政民工作队宣传部部长。

1944 年

5 月，冀鲁豫区与冀南区合并，成立中共中央冀鲁豫分局和新的冀鲁豫军区，黄敬任分局书记兼军区政委，宋任穷任军区司令员。

9 月，根据抗战形势发展需要，冀鲁豫分局和冀鲁豫军区由濮范观中心区的观县红庙迁移到清丰单拐村。之前，陈平向冀鲁豫分局党委建议：一是单拐革命基础好，抗日热情高；二是远离县城，环境安全、隐蔽；三是居住环境较好，办公条件宽阔。经冀鲁豫分局认真考察后，冀鲁豫分局和冀鲁豫军区落户单拐。陈平和父亲陈笃之动员单拐村群众为部队腾房、筹款，说服族人把家族祠堂作为兵工厂驻地。陈平是冀鲁豫分局和冀鲁豫军区首脑机关到单拐的引路人。

秋季，陈平因病在家休养。

时年冬，陈平与尚和县二区东北庄（今属河南省濮阳市华龙区岳村镇东北庄）刘承坤结婚。刘承坤出生于 1924 年 11 月 21 日。

1945 年

1 月，陈平身体康复，到冀鲁豫边区行署实业处工作，任建设科科长。

3月初，中共中央北方局书记邓小平带领北方局机关20多人由八路军驻地山西辽县麻田村（今左权县）到达清丰单拐村的冀鲁豫分局和冀鲁豫军区驻地，调研指导工作。6月6日，邓小平在中共冀鲁豫分局群众工作会议上作了重要报告。

8月，为了保卫抗日战争胜利果实，做好解放战争准备，冀鲁豫军区决定建立大型炮弹厂和六个不同规模的军工厂。陈平开始参与军工厂的建设。

1946 年

1月，山东济宁解放（时属冀鲁豫区湖西地区），运出几部车床，陈平借着字典的帮助，开动了机床。

2月，陈平调任冀鲁豫区济华铁工厂任机务主任。后济华铁工厂改组成冀鲁豫兵工二厂。

4月，陈平的大女儿陈瑞桐在单拐村出生。

1947 年

2月，陈平升任冀鲁豫区军工二厂副厂长。

1948 年

1月，陈平调任邯郸铁路管理处制修厂副厂长。

10月，邯郸至涉县103公里铁路线（称"邯涉铁路"）通车。邯涉铁路是中国共产党在解放区修建的第一条铁路，是中国铁路建筑史上的一座划时代的里程碑。陈平参与了建设工作。随后，陈平任邯郸铁路管理处制修厂厂长。

1949 年

4 月 23 日，陈平的大儿子陈建国在邯郸出生。陈笃之得知 4 月 23 日南京解放，为纪念这个日子给长孙起名陈建国。

6 月，陈平调任郑州铁路局西安分局机务科军事代表、科长。

1950 年

7 月，陈平调任郑州铁路局厂务处副处长，后接任处长。

1951 年

10 月 30 日，陈平的二儿子陈卫国在郑州出生。1950 年 10 月 30 日抗美援朝爆发，陈笃之为纪念这个日子，给第二个孙子起名为陈卫国。

1952 年

12 月 28 日，铁道部调陈平到长辛店机车车辆修理工厂任厂长。

1953 年

3 月 21 日，长辛店机车车辆修理工厂厂部、党委会、工会委员会、团委会联合公布《一九五三年车间优胜循环红旗奖励办法（草案）》。

5 月 1 日，陈平厂长号召全厂："在保证质量的基础上，为压缩各种费用降低产品成本而奋斗。"

7 月 1 日，陈平要求全厂职工："学习苏联，学习中长铁路，贯彻作业计划，加强计划管理。"

10月26日，作家魏巍为写小说《东方》到长辛店机车车辆厂深入生活，厂长陈平热情接待。28日，陈平召开座谈会，解决产品质量不高的问题。30日，陈平参加工人集会，传达了面粉统一供应的指令。

1954 年

6月5日，陈平厂长号召全厂"坚决贯彻专家建议，认真执行301号部令"。

11月21—24日，长辛店机车车辆修理厂召开第二届党代会。会议听取了陈渡作的党的工作报告和陈平作的行政工作报告，通过了关于"加强集体领导，防止个人主义、骄傲自满情绪和开展批评与自我批评"以及贯彻"三级一长制"的决议。陈平被选为13名党委委员之一。

1957 年

1月，受铁道部派遣，陈平赴苏联学习。陈平被安排在基辅布尔达瓦机车工厂学习，废寝忘食，夜以继日，如饥似渴，学习了苏联机车维修和制造技术。工作之余，陈平热爱照相，学习摄影技术。

11月2日，毛泽东率中国代表团去苏联参加十月革命40周年的庆祝活动。17日下午，在莫斯科大学礼堂，毛泽东接见了留苏学生代表。陈平作为基辅选出的学生代表，受到了毛主席的接见，聆听了毛主席的讲话："世界是你们的，也是我们的，但是归根结底是你们的。""你们青年人朝气蓬勃，正在兴旺时期，好像早晨八九点钟的太阳。希望寄托在你们身上。"

12 月，陈平从苏联回国。

1958 年

1 月，陈平在铁道部机车车辆修理工厂管理局整理在苏留学时学习资料。

7 月 1 日，陈平的组织关系转往长春机车修理厂。14 日，铁道部机车车辆修理工厂管理局厂人〔58〕1391 号文件通知，赴苏联学习回国的陈平等 19 人分配到长春新厂筹建处。19 日，铁道部正式成立长春机车工厂。23 日，铁道部机车车辆修理工厂管理局厂人〔58〕1423 号文件，任命陈平为长春机车工厂厂长。

8 月 1 日，长春机车工厂在联合车间召开全厂职工大会，正式宣布长春机车工厂成立。

10 月，工厂成立技工学校。

10 月下旬，从哈尔滨、沈阳、唐山、大连等机车车辆工厂调来的 864 名工人、348 名干部和沈阳、唐山、长辛店铁路技工学校分配的 310 名毕业生陆续到厂。月末，工厂在长春市人民艺术剧场隆重召开欢迎大会。

11 月 12 日，中共长春市委批准长春机车工厂成立党委会，陈平任书记，郝春良任副书记。

1959 年

1 月 1 日，长春机车工厂党委机关报《机车工人》出版创刊号，创刊号发新年献词《欢欣鼓舞祝胜利，实干巧干贺新年》。14 日，长春机车工厂召开技术革命运动现场会议，厂长兼党委书记陈平在会上号召全厂职工解放思想、土洋结合、大闹技术革命，掀起技术革命运动热潮。

2 月 16 日，工厂正式投产。第一台"友好"型 1162 号蒸汽机车入厂改轨，26 日落成，效验出厂。3 月 2 日，铁道部机车车辆修理工厂管理局发来贺电。

2 月 21 日，工厂第一届职工暨会员代表大会在长春铁路分局文化宫开幕。大会历时 6 天，代表听取并讨论了工厂 1958 年工作总结和 1959 年一季度正式投产的工作安排，会上奖励了 42 名先进生产（工作）者。

3 月 25 日，铁道部机车车辆修理工厂管理局表扬长春机车工厂等六厂完成首批友好型机车改轨任务，长春机车工厂名列榜首。

4 月 1 日，工厂召开"五一"国际劳动节动员大会，厂长兼党委书记陈平作动员报告。

4 月 30 日，工厂第一台 3001 号"1-5-1"型蒸汽机车（即和平型，现名前进型）试制落成。这是吉林省首次生产蒸汽机车，工厂举行隆重剪彩典礼，省市有关领导出席。

5 月 9 日，工厂党委召开全厂党员、团干部和工程技术人员、老工人代表大会，贯彻党的八届七中全会精神，开展增产节约运动。

11月3日，工厂提前58天完成全年国家计划254台友好型机车改轨任务，实现投产第一年开门红。

1960 年

1月6日，由长春第一汽车制造厂和长春机车工厂协作试制成功的95马力内燃机车和"解放牌"铁道汽车，在长春孟家屯区间试车，省市领导亲临现场视察，并命名95马力内燃机车为"长春95型"内燃机车。

4月17日，长春市铁西人民公社成立，管辖机车厂、车辆厂（客车厂）、五一钢厂、工业搪瓷厂等23个单位。机车厂厂长陈平出任社长。

4月26日，长春市企业管理改革经验交流配套现场会在工厂召开。

7月4日，铁道部批准工厂总投资3510万元，由工厂负责包干。同时批准《长春机车工厂调整设计任务书的补充》的报告，工厂据此新建机械、翻砂两车间。

7月31日，工厂党委制定"确保国家计划、努力武装自己、积极支援地方"的办厂方针。同日，工厂试制成功第一台0-4-0（即星火型）轻型蒸汽机车。当年共生产20台。

8月2日，工厂召开职工大会，党委提出，克服"浮夸风"，扎扎实实加强企业管理，修车生产做到"五个一次"

（一次确定检修范围、一次完成下达明细书、一次完整发料、一次入段、一次出段），竣工达到"两个一次"（一次点火，一次试运），24小时交车。

8月19日，工厂开展"新三反"（即反官僚主义、反本位主义、反分散主义）运动。

11月28日，全国铁路友好型蒸汽机车检修质量观摩会在工厂召开。全路14个机车修理工厂和机务局、部分铁路局代表参加会议。长辛店工厂、田心工厂、长机工厂各选送一台机车进行现场质量观摩。

1961年

2月1日，长春机车厂成立机车部件组装车间，承担车轮、锅炉以外的全部机车零部件检修组装工作。

4月1日，根据铁道部人事局通知，厂长兼党委书记陈平调江苏省戚墅堰机车车辆工厂工作。

5月20日，陈平任戚墅堰机车车辆工厂厂长。

7月27—31日，戚墅堰机车车辆工厂厂党委召开第五次党员代表大会。

9月12日，为越南设计制造的水渣车通过鉴定。同日，冷铸生铁轮铸造重大技术革新——表面型砂不用面粉试验成功，全年可节约面粉5.6万公斤。

10月下旬，铁道部决定在戚墅堰机车车辆工厂试点贯彻《国营工业企业工作条例（草案）》（简称"工业七十条"）。

次月，工业总局试点工作组到厂；工厂开始进行以综合生产能力为中心的查定工作。

11月25日，铁道部政治部批转戚墅堰机车车辆工厂《贯彻执行党委集体领导下厂长负责制的情况报告》，将这一材料推荐给系统内各单位参考。

12月，在铁道部召开的内燃机车会议上，确定戚墅堰厂制造6L207柴油机和东风2型调车内燃机车。1962年，工厂开始试制。

1962年

1月9—16日，铁道部在戚墅堰机车车辆工厂召开有全路26个机车车辆工厂参加的贯彻"工业七十条"、加强企业管理经验交流会。会后，铁道部党委批转了戚厂试行"工业七十条"的初步经验材料。

是年，集中力量试行"工业七十条"，贯彻"302""303""304"（即部颁机车车辆工厂生产技术管理，经营管理工作细则和组织机构与职责范围），先后系统整顿责任制、生产技术管理和经营管理，企业管理水平明显提高。

是年，成立内燃机车科，初步形成内燃机车试制系统。12月26日，铁道部批准同意该系统进行改、扩建。改、扩建工程于1963年12月开工，1965年4月竣工。

1963年

3月，开始进行面上社会主义教育运动。根据铁道部决定，3—8月，试点开始重新登记党员工作，整个运动至1965年8月结束。

是年，设计并制造J1型双层家畜车和T9型发电车。

1964 年

4月，陈平带队赴欧洲考察内燃机车项目，为规划筹建我国第一个内燃机车厂做准备。

5月8日，铁道部工业总局在戚墅堰机车车辆工厂召开第三次大型对标会议。陈平作《以政治为统帅，以生产为中心，努力办好社会主义企业》的经验介绍。会后，戚墅堰机车车辆工厂等被评为全国铁路先进工厂。

5月，6L207柴油机和东风2型内燃机车试制成功。1965年1月在大连内燃机车研究所通过部级鉴定。这是我国自行研制出的第一台内燃机车。戚墅堰机车车辆工厂被评为江苏省先进集体。

7月7日，参加全国工业新产品展览的新产品——高锰钢整铸辙叉、扫气泵被国家科委、计委、经委评为二、三等奖；6L207柴油机被铁道部评为一等奖。

9月15日，东风2型调车内燃机车试制成功。翌年投入批量生产。并于1967年试制1台东风2型增压型内燃机车。

9月25日，铁道部下文，冷铸生铁轮完成当年计划后停产。从试制成功到停产，工厂累计生产冷铸生铁轮56万余只。

10月，310余名职工赴西南支援铁路新线建设，陈平参加欢送仪式。

11 月，厂长陈平兼任工厂党委副书记。

12 月 9 日，铁道部下文批准戚墅堰机车车辆工厂厂长、党委副书记陈平兼任四川内燃机车工厂筹建处主任，但实际没有到任。

1965 年

3 月，首批干部调四川资阳内燃机车工厂，支援三线建设。此后，陆续抽调多批干部、工人支援该厂。至 1971 年，共调去约 400 人。

4 月，陈平带领戚墅堰机车车辆工厂管理技术人员到上海参观装备博览会。

5 月 1 日，戚墅堰机车车辆工厂获江苏省五好集体奖状。

年末，参加四方机车车辆工厂 16V200 柴油机试制会战，承担柴油机五大件试制。

1966 年

6 月 16 日，戚墅堰机车车辆工厂党委召开干部和职工代表大会，动员全厂职工投入"文化大革命"。

8 月 24 日，成立"文化大革命"领导小组。

1967 年

1 月，在"一月革命"风暴中，工厂党政领导被全面夺权。

3 月，戚墅堰机车车辆工厂实行军事管制。

7 月 13 日，发生第一次武斗事件。12 月 31 日，南京军区 6410 部队进驻工厂，再度实行军管，武斗被制止。

10 月 18 日，陈平去世，时年 45 岁。

是年，因武斗停产，当年机、货车修造产量锐减一半左右，工业总产值为上年的 60%，工厂出现亏损。

1978 年

中共常州市委以常委复〔79〕1 号文件给陈平予以平反昭雪，并在戚墅堰机车车辆工厂召开了陈平同志追悼会。

提高觉悟　改进作风　狠反"五多"
大力开展企业管理革命化

——陈平同志在中共戚墅堰机车车辆工厂
第七次代表大会的发言摘要

（1964 年 8 月 13 日）

各位代表：

我完全同意崔士杰同志代表工厂党委向本次代表大会所作的工作报告马兆立同志代表工厂党委监委所作的工作报告并表示在今后工作中坚决贯彻执行。现在，我就企业管理革命化的问题向大会发言。

从上次代表大会以来，各级行政干部，在党委统一领导下，组织全体职工，围绕增产节约和"五反"运动，进行了一系列工作：检查了铺张浪费、官僚主义、分散主义，采取了相应的改进措施；组织了一次群众性的"四清"运动，进一步整顿加强了财务管理和定额管理；反复进行指标对比分析，学习推广先进经验，不断提高技术指标的水平；全力以赴，试制 6L207 型柴油机和内燃机车；制定了两年规划，提出开展了生产技术改进革命；初步进行了送料上门、精简工票等企业管理革命化的工作；积极采取技术组织措施，按期攻克了四个"高地"；围绕质量，开始大抓基本功训练、大抓设备管理、落实岗位责任制。一年多来，通过以上工作，工厂的生产和各项技术经济指标都取得了很大成绩。1963年，机车修理完成计划的111%，货车修理完成计划的103.6%。今年上半年，机车修理完成全年计划的47.6%，月产能力比去年同期增长13.7%，货车修理完成全年计划的47%，月产能力比去年同期增长12.6%，国家计划全面超额完成；试制成功了6L207型柴油机，每一台内燃机车正在顺利进行总组装备；质量、周期、劳效、成本都有不同程度的进步；安全生产取得了较大成绩；利润大大增长，1963年完成1373万元，今年上半年完成745.6万元。到今年6月底止，在与历史同比的35项主要指标中，已有27项超过了历史最高水平；与兄弟工厂同比的50项主要指标，也有23项赶上或超过了兄弟工厂的先进水平。

一年多来，生产行政工作虽然取得了很大成绩，但是进展比较迟缓。今后，必须大力克服存在的缺点和问题，进一步深入挖掘企业潜力，加速发展生产，以适应形势发展的要求。为此，打算在今后一年左右的时间里，狠抓三件大事：①狠反"五多"，大力开展企业管理革命化；②大力开展生产技术组织革命，大量取用新技术；③进一步集中兵力，试制内燃机车，在保证质量的基础上，加速提高试制能力。

企业管理工作中存在的"五多"现象，是一年多来生产行政工作存在的主要问题之一,当前,已成为我厂发展生产的主要障碍。为此,需要大力开展企业管理革命化,克服"五多",以迅速解放生产力。现在,我专门就这个问题向大会提出报告,请代表们审议。

根据我们的调查,我厂企业管理工作中存在的"五多"现象,其主要表现是:

第一,层级重叠,分工过细,非生产人员多。

全厂现有非生产人员 2245 人,占职工总数的 27.6%(其中口径内 18.3%)。此外还有 1000 多名生产工人做非生产工作。如果加在一起计算,非生产人员的比例将达到 28.8%,差不多每 10 个职工中就有 3 个从事非生产工作。科室由于层次多、分工细,工作往往不能一贯到底,造成相互扯皮,产生大量重复劳动。科室里的层次,一般有 3 层、4 层,多达 7 层。有 4 个科管配件调度,生产科管机货车配件,设备科管设备维修配件,工具科管工艺装备配件,冶金科管模具配件,大家都强调自己的要紧,制备车间无所适从。有 6 个单位管物资,在 22 个车间里设了 38 个分库、15 个工具室,而且各管各、互不通气,常常发生重复备料、重复劳动。设备仓库买不到皮带,材料科却把皮带拿到物资交流会上推销。有时候,大家都派人出去采购、搞外部协作,甚至不约而同在协作采购单位碰头了。碰到后,还争先恐后,各不相让。柴油机连焊热处理要用仪表,而设计科推工具科,工具科推设备科,后来还是车间自已到计量室、研究所借到的。工具车间精密机床要用电扇，丁总批准了，车间向材料科申请，材料科要总务科归口，总务科说安全科管，安全科说这不是扇人的，要由设备科处理，拖了很长时间才解决。机构庞大，层次多，分工细，而且权力过于集中，这是造成企业管理烦琐化、工作效率低的主要根源之一。

第二，制度烦琐，见物不见人。

两年来，工厂的管理制度是愈整愈烈、愈改愈繁、愈定愈死。目前工厂到底有多少规章制度，一下子还没查证，但从锻冶车间一个车间就要执行109个制度（其中车间自己制造的有43个），仅其中14个制度，文字稿就长达34万多字，就可以看出我们的规章制度确实多得吓人。但不少制度，不是从生产实际出发，而是对人设置的。形成的道道关卡，严重地束缚了生产力的发展。例如由于生产计划的各自归口管理，大家都要求按各自的制度办事，都强调各自的重要性，往往一点小事情都弄得走投无路。今年3月份，因友好型伐档盘外园设计尺寸放大，胎模也要相应调整，因为没有"计划"，工具管理员跑了5个车间，磕头烧香多个部门，最后在厂长的过问下，用了12天，方得到解决，而实际加工时间仅需1小时。

第三，手续繁杂，报表多。

全厂原有凭证报表1600余种（目前已压缩29.2%，还有1140种），约有352人整天为编制这些凭证报表服务，全年要花 10 万多人工。假如把这些人工的一半用之于直接生产，将能多修 40 多台机车或 700 多辆货车。办一件事情，往往要填好多种凭证，经过好多道手续。例如车间之间调拨一台设备，先后需要填写技术租借措施表、设备调拨单、设备移设批准单、劳务供应协议书、固定资产转账通知书等 5 种凭证报表，经过 8 个单位、26 道手续，其中总工程师就要盖章 3 次。工具车间加工需用硬质合金铣刀，每道工序要开一张小票，磨平面、磨外园、磨侧面、磨内园、磨刀口，都得各开一张小票，共要开 10 张小票。有一种"设备利用率表"，把设备分为两大类、若干小类、87 种，每种又分为 12 个项目，共需用 3 天时间才能填好。车间反映说，像这些工作，车间一点也没有用，都是无效劳动。

第四，会议多。

厂部召开的定期会议有所减少，但临时召开的会议还很多。锻冶车间在 6 月 25 日一天就收到 4 个会议通知，其中两个是临时性会议。一些主要科室、主要车间的领导干部估计有三分之一以上的时间生活在会议之中。科室、车间自己召集的会议也不少。据锻冶车间调查，每月自己召开的会就有 37 种、119 次，共占用时间 2004.5 小时，相当于 10 个人一天到晚在开会，靠开会吃饭。如果按锻冶车间的比例推算，全厂就有 300 多人整天开会。会议的质量可以说是与会议的数量成反比例的，开会的时间长、纪律松、陪客多。据锻冶车间工具技术员反映，冶金科召开的热加工工艺装备平衡会议，每次要开两三个钟头，锻冶没有多少事，两三个月才发言一次，完全是陪客，现在不去也不好，去也不好，所以9点开会，10点去也不晚。

第五，文件多。

今年上半年，我厂行政印发的文件共达1802件，其中向外发文1507件、内部发文295件，文字共达112.7万余字。其中有不少文件是可以不发的。当面说妥了的或会议决定了的一般事情，也得作个记录、发个文件，立此为凭；口头可以解决的，也要发文；同一件事情，有的重复发四五个通知；有的文件文字冗长，虚话过多，无法使人看完。

上述问题是互相联系、互相"促进"的。常常一提加强企业管理，就是加强管理制度。有了制度，要人去执行，就加人，加了人，又搞制度。人员越多，分工越细，扯皮越多。扯皮就加制度，越加制度越扯皮。于是，机构越来越大，非生产人员越来越多，分工越来越细，报表、制度越来越多，手续越来越烦琐，引起一系列的连锁反应，不能自拔。这样，一方面助长了脱离群众、脱离实际的主观主义和官僚主义；另一方面也助长了不从全局出发，只管自己的本位主义和分散主义。归根到底，是不能依靠群众，办好社会主义企业。

造成上述问题的原因是多方面的。

第一，社会历史根源。我们现在的企业管理制度，基本上是承袭了过去中长铁路时期苏联搞的一套，没有完全结合我们中国的实际情况，缺乏创造性。这套制度，三年"大跃进"中破掉了一些。调整时期，吸取了一些"大跃进"时期的经验教训，但是基本上没有脱离老框框，某些方面反而有所发展。而"大跃进"时期的一些正面经验，如充沛的革命干劲，大胆的革命精神，雷厉风行的工作作风，却吸取得不够。因此，企业管理工作搞得更加复杂化了。

第二，我们的思想认识有不少毛病。①忽视人的因素。这是主要的。把人与规章制度、生产与规章制度的关系本末倒置。把规章制度单纯看成是"管人、治人"的，把人变成了规章制度的附庸；规章制度不是为生产服务，而是生产为规章制度服务。人与人之间强调制约，也互不信任。许多口头答应了的事，非要弄一个制度，写一个凭证，盖上几个图章才算数。这实质上是"劳心者治人，劳力者治于人"的思想在企业中的反映。②本位、分散，责任感不强。有些人考虑问题，往往不是首先从整体出发，从全局出发，而是从本单位的利益出发，从尽量少负责任出发。这实质上是放大了圈子的个人主义。他们在工作中，往往困难要说得大些，余地要留得多些；只能占便宜，不能"吃亏"；能扯的尽量扯，能推的尽量推；不管生产怎样，却可以在上面高谈阔论、争个不休。他们不是把方便让给别人，把困难留给自己，而是相反。他们缺乏为生产、为基层、为群众服务的观点。一句话，缺乏全心全意为人民服务的思想。③用形而上学的思想方法和形式主义的工作作风指导工作。有些干部，在运用书本理论、运用他人经验时，往往不从生产实际出发，不实事求是，而是教条式地生搬硬套。对经济工作越做越细，错误理解成管得越死越好；规章制度不适当地求全、求系统；成本要按车计算；图纸、技术文件强调要完整、正规；设备要求洋、求新；甚至有人错误地把这些看成代表企业管理水平和技术水平的主要标志，而不问这些究竟对生产是否完全必要，不管实效如何。这不仅使企业管理大为烦琐，而且浪费了不少人力、物力。

第三，从厂部领导工作上检查，有以下一些问题。①革命化的思想不强烈，决心不大。满足于前两年调整、整顿工作所取得的成就，满足于任务尚能超额完成，指标尚能不断上升，因而得过且过，对企业管理工作中存在的问题缺乏深入的分析研究，不能及时挖出根子。今年来，企业管理革命化的形势发展很快，而我们的思想又不够敏感，下的决心不大，措施不力，因而迄今为止，还是在上面议的多，实际干的少，不如齐齐哈尔等厂进展得快。对生产技术组织革命，虽认识较早，但也抓得不够紧，措施也不够有力，因此进展也较迟缓。②放松了行政干部的思想领导和科室工作的业务领导。对上述本位、分散、教条、形式等错误的思想、作风，缺乏分析批判、严肃对待，以致长期来没有得到很好的克服。对科室工作中的"五多"现象，也缺乏具体研究。长期以来科室之间存在的许多矛盾和问题，不能得到及时解决。③官僚主义作风没有反彻底。还是喜欢用开会、发文件的方法在上面领导工作，深入实际、调查研究仍然做得不够，蹲点蹲不牢，对下面的情况不完全明了，因而下不了大的决心，指导工作不够有力。总之，企业管理工作中存在的"五多"和其他一些缺点、问题，主要应由厂部负责，特别是要由本人负责。为了克服上述企业管理工作中存在的缺点和问题，迅速解放和发展生产力，当前除了深入开展生产技术革命，围绕质量抓基本功、设备、岗位责任制等基础工作以外，必须在科室和车间技管干部中大力开展企业管理革命化的工作。

首先，进行机构体制的改革。我们经过多次研究，拟进行三种试验：

（1）试制机车联合车间。将现在的机车、锅炉、机械、机车解体等四个车间合并成立机车联合车间。适当下放权力，它将有权处理日常生产中的进度、技术、劳动力、设备、装备、零星措施和奖励分配等问题。联合车间的职能部门设生产技术室和分解检查室。现有生产技术科室将下放一部分人员到联合车间生产技术室，直接为生产服务。管理人员和服务人员逐步上收，先收材料、配件、工具供应，后收计划、财务，在过渡期间暂仍设经营管理室。生产组织方面，设若干个工段，工段下设小组。每一工段的人数在一百到一百二三十人左右，设工段长一至二名，政治指导员一名，技术调度人员一名。工段只负责职工的政治思想工作和日常生产管理工作，即带好兵、管好武器、打好仗。

这样做的好处是：①有利于加强职工的政治思想工作；②有利于生产指挥的集中，迅速及时解决日常生产技术问题；③使车间迅速摆脱烦琐的行政事务，集中精力抓人和设备，打好生产仗；④可以使科室人员更好地面向生产、为生产服务，并有利于熟悉生产规律、更好地领导生产，联系群众、培养工人阶级思想感情；⑤几个车间统一领导以后，可以统一使用设备、场地、劳动力，减少上下工序之间的矛盾，有利于更好地挖掘潜力。

（2）试制综合性的业务科。在试制机车联合车间的同时，除了从有利于减少扯皮、适当合并、精简其他科室外，拟试行综合性的业务科。将业务关系十分密切的生产技术科室部分或全部合并在一起。这样，生产同技术将结合得更加密切，可以减少办事程序，迅速及时地解决生产技术问题。

（3）材料、配件、工具等供应服务工作实行全部上收到科室、服务到班组的办法。其好处是减少层次、减少资金，彻底解决科室面向生产的问题。目前先在材料系统试点。

以上三种办法，都必须贯彻精减非生产人员、充实基层和面向生产、服务到底的精神。

其次，在进行机构体制改革的同时，要积极研究业务改革。有关部门从现在开始就要研究成本核算、细录预算、设计工艺等业务改革方案，逐步实施。改革规章制度是业务改革和克服"五多"中的一个十分重要的环节。打算在各主要业务系统中选择几项带有关键性的规章制度，充分发动群众，吸取群众意见，进行试点。主要要求是：①在规章制度中要充分体现出人的因素第一，为生产服务；②要体现集中领导、分级管理的原则，权力不要过于集中，要适当下放，上面抓大的，小的放给下面抓；③强调实事求是，从实际出发，不要形式主义、脱离实际；④责任制不仅不应削弱，应当进一步明确，特别是要明确规定谁是主办者，主办者应担负起主办的责任，主动联系有关单位，负责到底，把事情办好；⑤办事手段应当简化；⑥文字应当简练。技术部门不仅在改革技术规章制度时应当贯彻以上各点，在编制和贯彻技术工艺文件时，也应当贯彻这些精神。

再次，要继续大力精简报表凭证。目前这方面虽然已经取得了一些成绩，但是总的进展比较迟缓，砍得不够大刀阔斧；各业务系统发展不平衡；与改革管理制度结合得不够紧密，凭证报表虽少了些，但制度、手段还简化得不够。凭证报表总的要求应砍掉50%以上。除了革新的报表外，在今后一段时间里，不能增加一张新的报表、凭证。精简凭证、报表时必须与管理制度联系起来考虑，把根子挖掉。

然后，必须采取措施，把会议减下来。坚决执行上午不开会的决定。临时会议必须大力减少，如需召开，内容、时间、参加会议的人员都必须有明确的规定。科室召开车间专业人员会议，每月限制一次。未经厂部批准，科室一律不得召集车间主任开会。车间本身也应大力精简会议，一般也应砍掉50%。

最后，继续精简文件。授权厂长办公室，办公室主任认为可以不发的文件就不发。分散在科室、院、校的打字机一律收回，油印机逐步收回。一切打字、油印文件都要严加控制。

实现上述措施，开展好企业管理革命化的根本关键在于思想革命化、作风革命化，这是企业管理革命化的动力和保证。

要进一步克服骄傲自满、故步自封的思想，发扬不断革命、大胆创新的精神。对我厂前几年工作取得的成就，一定要用一分为二的观点，正确评价。须看到试行七十条、整顿企业管理时期所搞的那一套东西，有成绩的一面，也有缺点和不足的一面；须看到我厂企业管理工作进展迟缓，不及许多兄弟工厂的一面。为适应形势发展的要求，适应生产力发展的要求，我们决不能再因循守旧，老一套的东西亟须加以改革。要有不断革命的精神，要有点创造性。当前特别要克服习惯势力的障碍，为革命化铺平道路。

要进一步克服官僚主义、分散主义、铺张浪费，把"五反"中的前"三反"反彻底。各级行政干部要牢固地树立面向生产、面向基层、面向群众的思想。认真贯彻群众路线的工作方法，经常深入实际，密切联系群众，关心群众生活。大力提倡蹲点、调查研究，切实掌握第一手资料。要牢固地树立全局观念和整体观念，坚决克服本位主义和分散主义。发扬团结一致、互相尊重、互相支持、主动协作、甘挑重担的风气，反对互相推诿、互相扯皮。要牢固地树立勤俭建国、勤俭办企业的思想，处处精打细算，少花钱、多办事，克服大手大脚、铺张浪费。

要坚持干部参加劳动的制度。干部参加劳动是使机关工作革命化的一项根本性的措施。要推行"三定（固定时间、固定岗位、固定职责）、一顶（在技术水平提高能够独立操作以后就顶替班组的定员）"的劳动制度，做到劳动制度化、经常化。当前，锻冶车间干部劳动比较经常，效果比较好，应加以总结推广。

要发扬雷厉风行的作风。提倡说干就干，干就干好，全员负责，一竿到底。生产上的问题，基层反映的问题，群众反映的问题，一定要认真研究、及时处理；一时难于解决的问题，也要有个交代。反对拖拖拉拉、松松垮垮、似干非干、敷衍了事的坏作风。

要发扬实事求是、一切从实际出发的精神。干工作一定要扎扎实实，讲求实效，反对脱离实际、形而上学、形式主义。运用书本理论，学习人家的经验，都必须认真研究实际情况，切忌教条主义、生搬硬套。

要做到以上各点，使我们的思想真正革命化，我认为学习毛主席著作是最重要、最有效的途径。毛泽东同志最坚定的无产阶级立场和最彻底的革命精神，辩证唯物主义和历史唯物主义的观点和方法，永远同人民站在一起、全心全意为人民服务的精神，深入实际、联系群众的作风，都是思想革命化最好的典范。我们必须努力学习，坚持学习。同时，我们要学习运用解放军的经验，来推动我们的思想革命化和企业管理革命化。要学习解放军坚持"四个第一"的经验，处处把人的因素放在第一位，把政治思想工作放在第一位；要学习解放军吃透两头的经验，认真学习研究党的方针政策和上级的指示，深入实际，调查研究，把情况摸透；要学习解放军大兴三八作风的经验，在全厂树立起一个严肃、紧张，雷厉风行、一抓到底的革命作风；要学习解放军以四好为纲、把工作扎根在基层的经验，切实加强车间和班组建设，工作一定要落实。

同志们，我们各级行政干部一定要趁当前一片大好形势，在工厂党委的正确领导下，团结一致，为把我们工厂的行政领导机关建设成为一个面向生产、面向基层、面向群众的机关，成为一个作风好、机制灵、制度严、效率高的机关，成为一个革命化的机关，为加速实现我厂的生产技术组织革命，为加速试制内燃机车，为把我厂的各项工作做得更好，争取成为五好企业而不懈地努力！

以上发言，如有不当之处，请同志们提出意见，批评指正。

怀念我的父亲陈平

陈建国

2022 年是父亲诞辰 100 周年。因疫情，我没能携全家回老家看看，缅怀父亲短暂而光辉的一生，成了一件憾事。最近家乡的同志决定为父亲出版一部传记，以纪念父亲为革命建设做出的贡献。感谢父老乡亲们对父亲的爱戴、怀念和敬重，同时也深感有责任写一点东西以寄托我们对父亲深深的怀念！

全面地描述父亲，是一件不容易的事。他的一生命运多舛，他的经历曲折传奇——

父亲生下不久就患脑膜炎，邻居们都说他活不过来。在奶奶的精心照料下，靠着顽强的生命力，父亲活了下来，直到 4 岁才重新学习说话、走路。

20 世纪 40 年代中期，父亲又患上了当时无药可救的绝症肺结核，又是靠着坚强的意志和生命力战胜病魔，顽强地活了下来。

正当父亲年富力强，踌躇满志，事业走上高峰时；正当父亲接受了更重大、更艰巨的任务，准备奉献自己的才华和精力时，父亲却在 1967 年不幸去世，年仅 45 岁，抱憾终身。

由于父亲英年早逝，加之我从小学就在学校寄宿，节假日父亲也很少在家，我和父亲是聚少离多，对父亲的印象也一直朦朦胧胧。

对父亲有进一步了解还是从我第一次回老家开始。

记得 1971 年父亲的老首长，原铁道部部长刘建章出狱获得了自由。我得到消息后赶到北京去探望他，希望父亲也能早日得到改正。刘伯伯和我谈了很久，临别时，他语重心长地对我说："建国，你要相信组织、相信党，相信你的父亲。要了解你的父亲，你一定要回老家去看一看，走一走……"虽然不知道刘伯伯为什么要让我回老家看看，但是第二天我还是急不可待地买了火车票，一个人辗转回到老家——河南省清丰县双庙乡单拐村。

浓浓的乡情　深深的怀念

我是爷爷、奶奶和父亲、母亲离开老家 20 多年后第一个回老家的人。家乡的父老乡亲听说希均（父亲的原名陈希均）的儿子回来了，纷纷赶来看我，带我去看我家的老宅，看父亲亲手栽的石榴树，我挨家挨户探望老邻居，晚上坐在炕沿儿，听他们讲述父母当年的故事……

在乡亲们的心中，父亲是一个非常有才能的人。1939 年，父亲刚刚 17 岁，就担任了长垣县工委书记，并于次年担任了长垣县委书记；在长垣期间，主持创办了长垣县委机关刊物《曙光报》，宣传抗战政策；广泛动员，积极发展党的组织，一年内发展共产党员 130 余人，筹建了抗日武装，为共产党在这一地区的发展奠定了坚实的组织基础。

在乡亲们的心中，父亲是一个深明大义、顾全大局的人。抗战初期，家乡的条件十分艰苦，父亲支持家乡的抗日，支持爷爷动员族人筹款、捐粮，积极参加家乡的抗日活动。

在乡亲们的心中，父亲又是一个生命力极其顽强的人。40 年代父亲得了肺结核。当时，肺结核是一个不治之症，在当时那么恶劣的条件下，缺医少药，父亲凭着坚强的意志和顽强的生命力，九死一生活了下来。这简直就是一个奇迹。

在乡亲们的心中，父亲是一个理论水平很高的人。父亲任冀鲁豫区委党校总支书记时，积极参与党员的学习教育工作，努力学习理论知识，提高自己的理论水平。对根据地党的建设倾注了辛勤努力，对提高根据地干部的理论水平做出应有的贡献；同时，也使父亲的思想得到锤炼，工作能力得到提高。

在乡亲们的心中，父亲更是一个有大智慧的人。他们永远不会忘记，是父亲积极主动联系上级领导，和爷爷一起，捐出了自家的酒厂，动员族人捐出了家族的祠堂作为军区兵工厂的厂房，腾出自家及族人的房屋，筹粮捐款，将中共北方局、冀鲁豫军区、平原分局领导机关引入清丰单拐村，顺应了毛泽东提出"冀鲁豫军区指挥部要向前移"的指示，使冀鲁豫根据地的抗日工作更上一个台阶，单拐也成了解放军东渡黄河挺进大别山，解放全中国的一个桥头堡。

在乡亲们的心中，父亲又是一个非常勤奋好学的人。在兵工厂工作期间，父亲带领全厂职工夜以继日地工作，为前线提供武器弹药。军工生产，谁也没有学过，谁也没有干过，完全靠自己摸索，自己总结经验。父亲凭着仅有的初中文化，凭着一本老旧的英汉字典，一字一句地翻译有关文字，为军区兵工厂的生产提供了宝贵的资料。

在乡亲们的心中，父亲是一个不计个人得失、组织性极强的人。父亲工作曾多次调动，有上有下，每次工作调动，父亲从不向组织提条件、提要求，每一项工作都力争做得尽善尽美。

抗日战争胜利后，父亲又参与了中国共产党领导的解放区第一条铁路邯涉铁路的建设。这条军工运输大动脉为我军夺取淮海战役的胜利立下汗马功劳。周恩来、董必武、邓小平、刘伯承等都对这条铁路的修建给予了极高的评价。从此，父亲与铁路事业结下了终身的不解之缘。

乡亲们的热情，乡亲们对父亲的怀念和敬重之情，让我倍感亲切和温暖！父亲在我心目中的形象慢慢地清晰、高大起来。

新起点　新征程　迈步从头越

新中国成立后，父亲来到铁道部长辛店机车车辆工厂担任厂长。当时厂里百废待兴，父亲深入车间、班组，大刀阔斧地整顿厂纪厂规，抓管理、抓质量、搞技术革新，把工厂搞得有声有色。著名作家魏巍于 1953 年在长辛店机车厂体验生活的日记中多次提到父亲，"早晨，六点半起床。起床后参加他们的座谈会，讨论质量不高的原因。厂长陈平参加了这个会议，时时用他的左手盖住他的额头思索。他脑子很聪明，谈话中不时有'因此''从而''有所不同''若干'等用得很恰当的字，流露了他的知识分子出身而又聪敏、富有概括能力的特点"。

谈到父亲对产品的质量抓得非常认真时写道："厂长来追工作情况说，最近机车出了三件事故：某号机车的馆着火；某个机车的丝扣被崩出来，几乎丧人命。……他提出有的应该执行纪律。……手里拿着一个大丝扣来了，这丝扣只上了一个头，好像说，你们看吧，危险不危险！厂长亲自去追询去了。"

父亲在长辛店机车车辆工厂工作了 7 年，1958 年，长辛店机车车辆工厂生产的全国第一台蒸汽机车成了送给父亲离别的最好的礼物。

1957 年，经过紧张的语言学习和严格的考试，父亲被保送到苏联学习先进的科学技术和现代企业管理。1957 年 11 月 17 日，毛泽东在莫斯科大学大礼堂接见中国留苏学生代表，父亲作为留学生代表受到毛主席的亲切接见，亲耳聆听了毛主席的演讲和对广大青年的勉励：“世界是你们的，也是我们的，但是归根结底是你们的。”“你们青年人朝气蓬勃，正在兴旺时期，好像早晨八九点钟的太阳。希望寄托在你们身上。”

留苏的生活一定是紧张又艰苦的，因为从不沾烟酒的父亲养成了抽烟的习惯。回国后他对母亲说：“在苏联的学习实在是太紧张了，一天恨不得当成两天用。长时间的熬夜，有时甚至是通宵达旦地看书做笔记……不抽烟熬不住啊！”

父亲的留学生活一定是收获满满的，从他用过的教科书和笔记上写满了工整、流利和隽秀的俄文眉批和笔记中就可以看出来。

父亲留学的收获，刚回国不久就有了用武之地。50 年代末，中苏交恶，苏联撤走了专家，停建了 100 多个援助项目。铁道部长春机车车辆工厂只建了一半就被迫停工了：几座孤零零的厂房，一大片空旷荒芜的土地，几十栋“斗子墙”盖的三层楼的宿舍……父亲临危受命，带着全家冒着漫天大雪来到冰天雪地的长春。由于工作紧张繁忙，为了赶时间，父亲就搬到工厂和工人们一起加班夜以继日地工作，和工程技术人员一起搞技术革新、从全国各地招募技术人员、白手起家建立技工学校培养自己的技术工人……

苍天不负有心人，由于父亲和全体干部职工的努力，仅仅一年多的时间，一座完整的宏伟工厂建成并且生产出吉林省第一台蒸汽机车。长春新闻电影制片厂专门拍了机车下线出厂的新闻纪录片。

60 年代初期，父亲调到铁道部戚墅堰机车车辆工厂。这也是他人生的最后一站。父亲的工作仍然是那么出色。为了把戚墅堰机车厂从一个只能维修机车和车辆的修理厂改造成全国第一个内燃机车厂，父亲投入了全部的心血和精力，也创造了他人生的辉煌。在此期间，铁道部多次来工厂召开现场会，听取父亲的工作报告和工厂先进经验介绍，并且批转全路 26 个工厂学习、参考；工厂被评为全国铁路系统先进工厂；生产出了我国自行研制、自行生产的第一台内燃机车；工厂被评为江苏省先进集体……

1964 年，父亲作为铁道部技术考察组的组长带队到欧洲去考察先进的内燃机项目，为规划筹建我国第一个规模最大、设备最先进的现代化内燃机车厂做准备。

1965 年年底，父亲被选调去筹建国家三线建设的重点工程、铁道部最大的四川资阳内燃机厂，担任了筹建处主任。由于种种原因，父亲没能到四川资阳内燃机厂赴任。

英年早逝　天有不测风云

1966 年的"文革"中，父亲始终坚持"抓革命，促生产"的方针，要求广大工人回到生产岗位。他被打成"走资派""资本主义、修正主义的代理人"并被多次批斗。也有许多好心人劝父亲外出"避避风头"。父亲说："我没有做过对不起党和职工的事情，我对得起党，对得起全厂的职工，我问心无愧！""党和国家把这么大的一个工厂交给我，我要对党负责，对全厂职工负责，绝不能为了自己的安全而当逃兵！"

在父亲还没有失去人身自由时我见过他一面，父亲非常严肃地对我说："建国，你要相信你爸爸！爸爸绝不是什么走资派！我不能走，也不会走！我不会离开我的工作岗位！相信爸爸，什么困难我都能坚持下来的！"谁知这竟是我和父亲的诀别。

父爱重如山　润物细无声

在我们的眼中，父亲就是一个普通得再普通不过的人了。父亲从来不专门地对我们进行特意的教导，他对我们的影响，都在他的一言一行，看似不经意，却有着深刻的含义。

现在回想起来，父亲对我们的爱虽然远久，却又历历在目；虽然朦胧，却又刻骨铭心……

父亲对工作是兢兢业业、严格要求、一丝不苟的。对自己的生活却是"得过且过，随遇而安"。有什么穿什么，妈妈做什么吃什么。在工厂，他也是在职工食堂拿个饭盒和工人一起排队吃大锅饭。父亲虽然抽烟，却从不喝酒。他曾经两次出国学习、考察，单位给他定制了西装，可是我们从来没有见他穿过一次。在我的印象中，父亲总是穿一身洗得掉色的中山装，戴一顶旧帽子。一辆二八大杠自行车就是他的"座驾"。旧衣、旧车、素食、随遇而安就是父亲一生的生活写照。有一张父亲的老照片，那是他出差去南京，顺便去拜谒中山陵，即便是出差在外，照片上仍然是一身旧中山装，一顶旧单帽。

"三年困难时期"，由于物资供应紧缺，生活困难，母亲身体不好。为了照顾生病的母亲，父亲总是把有营养的饭菜留给母亲和我们三个孩子，有时我会好奇地问父亲："爸爸，你为什么不吃带肉的菜呢？"他总是说："我喜欢吃素菜，喜欢吃窝窝头。"由于营养不良，父亲的双腿浮肿了，一按一个深深的坑。即使这样，父亲依然加班加点地工作。在家里，每到晚上，父亲写字台的灯光永远是亮的。

国家困难时期，父亲主动给自己降了一级工资。父亲不仅给自己降工资，还利用自己的关系，把母亲的工资也降了一级。母亲想不通，找父亲说理。父亲对她说："国家有困难，我是领导干部应该带头帮助国家减轻负担，你也是抗战时就参加工作的老同志了，你作为干部家属应该支持我的工作。我这样做，相信你以后会慢慢理解的。"

节假日，父亲很少在家，不是到车间探望加班的工人，就是到老工人、老劳模家去"聊天"。在我们的记忆中，不论是在北京、长春还是常州，不论是寒暑假还是节假日，父亲极少带我们到公园去玩过。

难得在家休息，因妈妈的身体不好，饭后，父亲刷锅洗碗总是少不了的。母亲心疼父亲，规定饭后我们姐弟三人要轮流洗碗。记得有一次，我们姐弟三个都不想洗碗。父亲自夸自己多么能干，多么爱劳动。他对我们说："劳动最光荣，收拾桌子、刷锅洗碗不就是 3 分钟的事嘛，看我的。"于是父亲忙碌了起来。我们三个孩子看着表……果然，3 分钟解决了"战斗"。我还随口念了一首打油诗，现在仍记忆犹新："饭后三分钟，锅碗瓢盆叮叮咚。忙坏了爸爸乐坏了妈，三个孩子笑开了花。"

在父亲的言传身教下，我们从小就学会了自己的事情自己做。小学四年级我就学会了洗衣服、缝补衣服和被子。初中又学会了理发、简单地修理雨伞和补鞋。1968 年高中毕业留校待分配期间，我在学校担任代课老师，由于常给同学们理发，修补雨伞和补鞋，深得学生的爱戴。

父亲虽然配有公车，但在我的记忆中，只有从长春到戚墅堰搬家那一次，因戚墅堰没有火车停靠站，工厂派车到常州火车站接我们回戚墅堰。这是第一次也是唯一的一次坐公家的小汽车。

1965 年，我考入了江苏省重点高中"省常中"，并在离家 11 公里远的学校住宿。父亲对我们的要求非常严格，生活费控制得也很紧。有时零花钱超支，周六回家赶不上票价 5 分钱的"工人车"（接送厂里工人上下班的火车班车），我经常是和同学步行回家。母亲知道后，偷偷给我一点零花钱，被父亲知道了，父亲对我说："你已经长大，国家现在还很困难，要学会勤俭节约，学会克制自己，不要乱花钱。不过走回来也好，还可以锻炼锻炼身体。"

父亲不仅是一位优秀的领导干部，也是一位既严厉又慈祥的父亲。他虽然生活上对我们严格要求，但是在现实生活中他会利用一切机会给我们传授知识，鼓励我们努力学习。不仅学习书本知识，还要学习科学技术知识。

父亲留学的时间也是我最愉快、记忆最深的一段时间。那时，父亲给我介绍了一个苏联小朋友，我们保持了一年多的通信，交换了许多邮票，这些邮票至今我还保存着。我们每次通信都是一个信封"两封"信，一封是我写的中文，另一封是父亲用俄文翻译的。苏联小朋友给我的信也是"两封"，一封是俄文的，一封是父亲翻译成中文的。几乎每隔半个月一封信。那时，收到苏联小朋友的信是我最快乐的事。直到成年，我有了自己的儿子，我才感到这是一份多么重的父爱！

1964 年，父亲从欧洲考察回来，只给我们姐弟三人每人带了一支圆珠笔，却带了许多我们看不懂的外文书籍和各式各样不知有什么用途的"零件"。他回来后也不给我们说欧洲的见闻，只管兴致勃勃地给我们介绍他带回来的"宝贝"，也不管我们是否听得懂。什么尼龙轴套如何耐高温啊，什么陶瓷轴瓦如何耐磨损啊，什么电子计算机计算速度多么快，什么流水线多么先进啊……我们听了是云里雾里。

但是父亲带回来的两件东西给我的印象特别深：一件是长袖衬衫，一件是封口的圆珠笔。

我很奇怪的是，父亲从来不会自己买衣服，这次怎么买了一件衬衣？父亲告诉我说："这件衣服的纺织技术和工艺都是很特别的，一眼看去和平时的衣服没有任何区别，但是在放大镜下看，是像蓑衣一样的构造：一层压一层，外面有水它会滑下去，里面有空隙又透气，这种技术和工艺咱们国家还没有。"说着又拿出放大镜让我仔细看里面的构造。这件衣服父亲去世后我一直保留着，结婚后还给太太讲过它的构造，可惜20 世纪 80 年代搬家时遗失了。

父亲带回来的圆珠笔漂亮极了，是有一串珠珠可以挂在脖子上的那种。我挂着圆珠笔，同学们都很羡慕，我也是每堂课都用它记笔记，写作业，不久，笔没有油了，可是笔是密封的没有办法拆开换笔芯，我去问父亲，为什么不做成可以打开换笔芯的呢？父亲就从资本主义的生产和资本家的利润给我讲起：不能换笔芯那就只好再买一支笔，卖笔要比卖笔芯赚到的利润大多了……我虽然听不太懂，只是觉得资本家心太黑了，这么漂亮的笔不能换笔芯，只能当个摆设，太可惜了。

父亲在生活上对我们要求严格，但在学习知识上却对我们非常支持。我在初中就对无线电感兴趣，父亲就经常购买一些这方面的书报刊，并在经济上支持我。我在购买无线电零件上从来不缺钱。上初中的时候，我在组装一台半导体收音机时，一种大功率功放三极管市面上很难买到，我就求父亲帮忙，他了解情况后托他在部队电台工作的老战友帮我买了回来，这也是父亲唯一的一次为子女"开后门"。

姐姐陈瑞桐是江苏省重点中学"省常中"的高才生，1965年高考报考了著名的军事院校"哈军工"，当时哈军工的校长刘菊英是二姑肖琳的老战友，二姑又在教育部任职，妈妈多次让爸爸通过二姑的关系"通通路子"打听打听消息，虽然和二姑通过几次电话，父亲却始终没有提起这件事。直到高考成绩出来，姐姐以江苏省名列前茅的高分考取了哈军工。

我初中是在工厂子弟学校上的学，父亲经常嘱咐我一定要尊重老师，多和工人子弟交朋友，不要有干部子女的架子……

我初三的班主任柳蕴琴，是一位非常和蔼可亲、工作极端负责、知识渊博的女老师。记得有一次课堂考试，因为黑板反光，我几乎半个黑板的题目都没有做就交卷了，柳老师批评了我，我借口黑板反光，在课堂上就和柳老师顶起了嘴，把柳老师气哭了。我还觉得自己挺有理。这件事不知怎么被父亲知道了，有一天父亲下班回家，沉着脸非常严肃地把我叫到他的房间里，狠狠地把我批评了一顿，讲了许多尊师重教的道理：教师在我们成长的路上传授知识，传授做人的道理，有如我们的父母，所以才会有"一日为师，终身为父"的说法。晚饭后，父亲非要带着我去老师家登门道歉，我虽不情愿也只好跟着父亲一起去老师家道歉。

敲开老师家的门，柳老师看到父亲和我，惊讶地问："陈厂长，你怎么来了？"父亲说明原委后，柳老师动情地说："这件事已经过去了，我也有责任，还劳烦您来登门道歉……"回家后，父亲又讲了尊师重教的道理，教育是国家发展的根本，教师是培养国家栋梁之才的园丁……我也是第一次听到"天地亲君师"这个词。从此以后，教师这个职业的高尚与神圣在我心中深深地扎下了根。没有想到，多年以后我也选择了教师这个职业，一直坚持到退休。

父亲一直教育我们要多和工农子弟交朋友，他自己也是身体力行。从长辛店到长春再到戚墅堰，在工厂，他有许多工人朋友愿意和他在一起拉家常，也喜欢和我的工农子弟的同学交往。

高中时期，我有一个同学，他的父母都是工人，靠拉板车送货生活。有一个星期天，我陪同学一起拉板车从常州到戚墅堰送货，父亲知道后再三邀请同学到家里吃饭，并且亲自下厨做了几个菜陪同学一起边吃饭边聊天。事后，同学感慨地说："建国，真没有想到你父亲这么平易近人，太了不起了。"多年以后，每当想到这件事他都会感慨许久。

谈起家风，谈起父亲对我们的影响，就不能不提到我的母亲。母亲刘承坤，1944 年就参加了革命工作，平时不喜言谈，却是父亲的好帮手。父亲生前，母亲的身体就不好，60 年代初医生就让家属准备后事了。可是母亲却坚持一边工作，一边承担了全部的家务和三个孩子的生活；父亲去世后，她的言传身教让我们受益一生。

党的十一届三中全会以后，父亲的一些老战友、老部下纷纷走上了领导岗位，经常主动打电话关心母亲和我们的生活、工作。母亲不希望我们"沾"父亲的光，都婉言谢绝了。母亲经常对我们说："你爸爸生前常说：'孩子们的路是要他们自己走的。'""你们要好好学习努力工作，不要给你们的父亲丢脸。""不要给组织和领导添麻烦。"

姐姐在哈军工计算机专业毕业后被分配到常州无线电二厂当油漆工。姐姐怀孕后，身体不太好，妊娠反应也比较大。好心人劝母亲和领导说说给姐姐换一个工作，被母亲谢绝了。直到姐姐结婚生子后，因为学校人才需要，才由哈军工出面将姐姐调回学校。

我的爱人是一个独立性很强的人，我们结婚生子后就搬出了部队大院舒适的住所，一家三口住进了雨花台一个偏远的

12 平方米的小房子，没有厨房，没有厕所。我爱人每天要抱着儿子步行很久上下班。下雨天道路泥泞，更是苦不堪言。父亲的一位老同事当时是我们生活的省会城市的主要领导。80年代初，有一次我和爱人去看他。他详细问了我们的工作和生活情况，特别问了我们的住房情况并且说："住房有什么困难要告诉我，我一定会想办法解决！"当时我真的想说我们的住房困难，可是一想到父亲，我又忍住了，只说了我们一切都很好！事后虽然有些"后悔"，但是想到父母亲经常说的"自己的路要自己走""不要麻烦组织和领导"……心中就释然了。

弟弟陈卫国在铁路机务段工作，当时单位分房，上级分管领导曾经是父亲的老部下，母亲没有开口；80年代铁路系统公检法招人，当时只要有点关系就可以调进去，父亲有许多老领导、老战友当时都在铁道部及地方铁路局担任领导职务，母亲还是没有开口……

我们姐弟三人的生活虽然平凡而简朴却也踏实！父亲的教诲将影响我们的一生！

多年后，偶遇外地一位领导干部，和我谈起父亲时说："二十多年前我听过你父亲的报告，太精彩了，我到现在还记得。"他对父亲的评价是：知识渊博、思维敏捷、逻辑清晰、口才极佳，是不可多得的人才，英年早逝，太可惜了。

"文革"结束后，父亲受到的不公正待遇得到了改正。组织上对父亲的一生给予高度评价："陈平同志是我们党久经考验的老党员、老干部。他对党对人民对无产阶级革命事业一片忠心。……他的一生，是革命的一生，是光明磊落的一生，是鞠躬尽瘁、全心全意为人民服务的一生。"

谨以此文告慰父亲的在天之灵，寄托我们对父亲深深的怀念！

完稿于 2023 年 4 月 5 日清明节

（本文作者系陈平同志长子）

主要参考资料

1.《中共清丰县党史资料选编》（第二辑），中共清丰县委党史资料征编委员会办公室，1987年。

2.《濮阳文史资料》（第十二辑）（存稿选编之一），中国人民政治协商会议濮阳市委员会文史学习委员会编，2002年12月。（内部刊物）

3.《中国共产党濮阳市历史　第一卷（1927.4~1949.9）》，中共濮阳市委党史研究室编，中共党史出版社，1999年。

4.《中共长垣历史（第一卷）》，中共长垣县委党史办公室编，河南人民出版社，1997年。

5.《中共长垣县党史人物》，赵继祥主编，河南人民出版社，1993年。

6.《范县党史资料》（纪念抗日战争胜利四十周年专辑），中共范县县委党史征编委员会办公室编，1985年。（内部资料）

7.《中共冀鲁豫边区党史大事记》，中共冀鲁豫边区党史编委会编，山东大学出版社，1987 年。

8.《中共冀鲁豫边区党史资料选编》（第二辑）（专题部分），山东大学出版社，1990 年。

9.《冀鲁豫边区民主民生运动与党的群众路线——纪念中共冀鲁豫（平原）分局成立 70 周年文集》，中共聊城市委组织部、中共聊城市委党史研究室编，中共党史出版社，2013 年。

10.《馨香的遗风》（冀鲁豫党史资料选编之四），中共冀鲁豫边区党史云南联络组编，1990 年。（内部资料）

11.《冀鲁豫边区革命史》，冀鲁豫边区革命史工作组编，山东大学出版社，1991 年。

12.《财经工作资料选编》（上、下册），中共冀鲁豫边区党史工作组财经组编，山东大学出版社，1989 年。

13.《冠县文史资料》（第三辑），中国人民政治协商会议山东省冠县委员会文史资料研究委员会编，1990 年。（内部资料）

14.《郑州铁路局志 1893—1991》（上、下册），郑州铁路局史志编纂委员会编，中国铁道出版社，1998 年。

15.《老树红花》，中共长辛店机车车辆工厂委员会宣传部编，北京出版社，1960 年。

16.《长春机车工厂志（1954—1990）》，长春机车工厂厂志编纂委员会编，1993 年。（内部资料）

17.《戚墅堰机车车辆厂志（1905—1988）》，戚墅堰机车车辆厂志编纂委员会编，上海三联书店，1994年。

18.《我的九十年（1910~2000年）》，刘建章著，中国铁道出版社，2001年。

19.《中国铁路机车车辆工业（1949—1988）》，铁道部机车车辆工业总公司、铁路机车车辆工业企业管理协会编，中国铁道出版社，1989年。

20.《中国铁路机车史》（上下），张治中著，山东教育出版社，2007年。

21.《中国铁路机车车辆工业50年（1949—1999）》，中国铁路机车车辆工业五十年编纂委员会编，中国铁道出版社，1999年。

22.《〈宋任穷〉画传》，中共中央党史研究室编，中共党史出版社，2009年。

23.《我的抗战岁月》，中共濮阳市委党史研究室编，2019年。（内部资料）